SHELL
Sammelmünzen/Medaillen

MEXICO 70

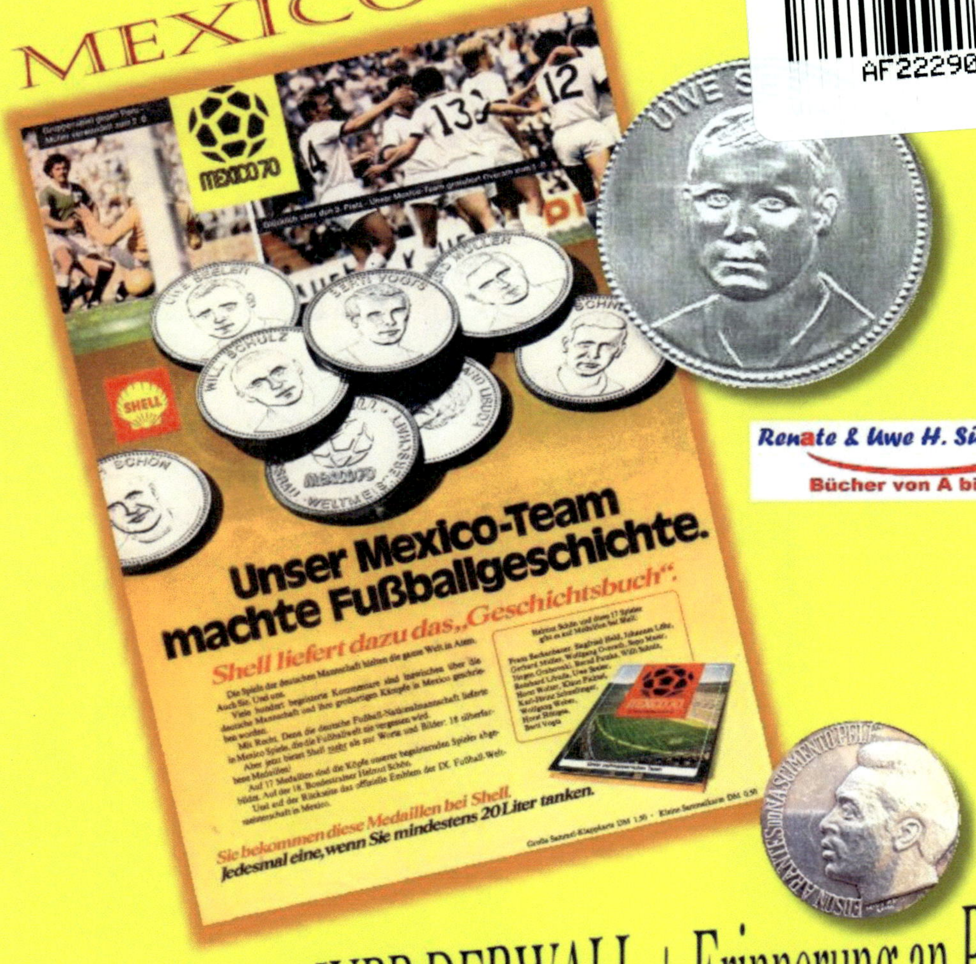

Unser Mexico-Team machte Fußballgeschichte.

Shell liefert dazu das „Geschichtsbuch".

Sie bekommen diese Medaillen bei Shell. Jedesmal eine, wenn Sie mindestens 20 Liter tanken.

Alle 22 Spieler + JUPP DERWALL + Erinnerung an Pelè

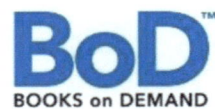

Folge SÜLTZ BÜCHER auf GOOGLE
Sültz Bücher

Bibliografische Information durch die Deutsche Nationalbibliothek
Die Deutsche Nationalbibliothek verzeichnet diese Publikation in der
Deutschen Nationalbibliografie; detaillierte bibliografische Daten
sind im Internet über http://dnb.dnb.de abrufbar.

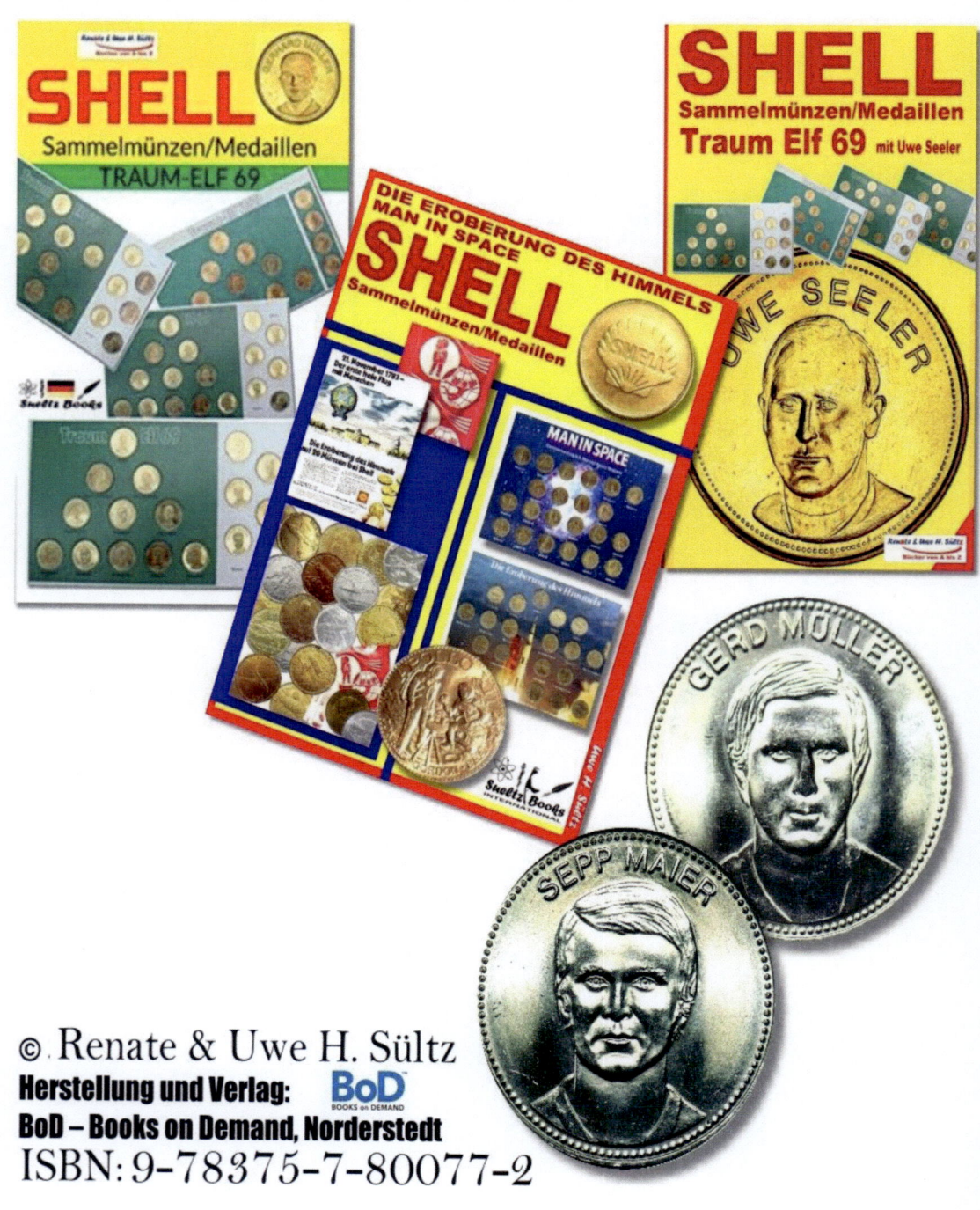

© Renate & Uwe H. Sültz
Herstellung und Verlag: BoD
BoD – Books on Demand, Norderstedt
ISBN: 9-78375-7-80077-2

Unser weltmeisterliches Team

MEXICO 70
IX Fußball-Weltmeisterschaft

Helmut Schön — Sepp Maier — Horst Wolter

Berti Vogts — Willi Schulz — Karl-Heinz Schnellinger — Bernd Patzke — Uwe Seeler

Franz Beckenbauer — Wolfgang Overath — Jürgen Grabowski — Wolfgang Weber — Gerhard Müller

Johannes Löhr — Reinhard Libuda — Klaus Fichtel — Siegfried Held — Horst Höttges

Mexico hat sich von dem großen Nachbarn USA nicht anstecken lassen: Die Mexicaner kennen keine Hast und Hetze. Sie lassen sich immer reichlich Zeit. Sogar für eine mittägliche Siesta — das offizielle Landesnickerchen. Zu dieser Zeit sind die jahrhundertealten Azteken-Figuren die einzigen Einheimischen, die man draußen in der Sonne findet. Doch der kleine Junge rechts (Juanito heißt er) hat das geradezu Unmögliche geschafft. Er hat das ganze Land zum Jubeln gebracht. Als Symbol der IX. Internationalen Fußball-Weltmeisterschaft in Mexico City! Und Deutschland war natürlich auch mit seinen Star-Kickern dabei.

Und wie sie dabeiwaren! Ständig steigerte sich diese unglaubliche Mannschaft. Schon während der Gruppenspiele in Leon lobte die internationale Kritik: „Überlegene Taktik und die Kampfeskraft von Löwen — bis zur letzten Minute!" Aber die Höhepunkte standen noch bevor: In zwei Spielen, wie sie die Fußballwelt noch nie erlebt hatte, gaben die deutschen Spieler ihr Letztes! Weltmeister England mußte sich nach 120 Minuten geschlagen geben. Die 120 Minuten des Halbfinales gegen Italien aber waren der Höhepunkt der IX. Fußball-Weltmeisterschaft. Kein Fußball-Fachmann auf der Welt konnte sich erinnern, jemals einen großartigeren Kampf gesehen zu haben!

GUADALAJARA — LEON — MEXICO-CITY — VERACRUZ — MÉRIDA — TOLUCA — PUEBLA — ACAPULCO

GOLF VON MEXIKO

USA — MEXIKO — TEQUILA

Spielresultate der IX. Fußball-Weltmeisterschaft 1970

Gruppe I Mexico City	Gruppe II Puebla Toluca	Gruppe III Guadalajara	Gruppe IV Leon
UdSSR Mexico Belgien El Salvador	Uruguay Italien Schweden Israel	Rumänien England CSSR Brasilien	Peru Bulgarien Marokko Deutschland

31. Mai
UdSSR — Mexico 0 : 0

3. Juni
Belgien — El Salvador 3 : 0

6. Juni
UdSSR — Belgien 4 : 1

7. Juni
Mexico — El Salvador 4 : 0

10. Juni
UdSSR — El Salvador 2 : 0

11. Juni
Mexico — Belgien 1 : 0

2. Juni
Uruguay — Israel 2 : 0

3. Juni
Italien — Schweden 1 : 0

6. Juni
Uruguay — Italien 0 : 0

7. Juni
Schweden — Israel 1 : 1

10. Juni
Uruguay — Schweden 0 : 1

11. Juni
Italien — Israel 0 : 0

2. Juni
Rumänien — England 0 : 1

3. Juni
CSSR — Brasilien 1 : 4

6. Juni
Rumänien — CSSR 2 : 1

7. Juni
England — Brasilien 0 : 1

10. Juni
Rumänien — Brasilien 2 : 3

11. Juni
England — CSSR 1 : 0

2. Juni
Peru — Bulgarien 3 : 2

3. Juni
Marokko — Deutschl. 1 : 2

6. Juni
Peru — Marokko 3 : 0

7. Juni
Bulgarien — Deutschl. 2 : 5

10. Juni
Peru — Deutschland 1 : 3

11. Juni
Bulgarien — Marokko 1 : 1

Viertelfinale: 14. Juni
UdSSR — Uruguay n.V. 0 : 1

Viertelfinale: 14. Juni
Italien — Mexico 4 : 1

Viertelfinale: 14. Juni
Brasilien — Peru 4 : 2

Viertelfinale: 14. Juni
Deutschl. — England n.V. 3 : 2

Halbfinale: 17. Juni / Mexico City
Deutschland — Italien n.V. 3 : 4

Halbfinale: 17. Juni / Guadalajara
Brasilien — Uruguay 3 : 1

Spiel um den 3. Platz: 20. Juni / Mexico City
Deutschland — Uruguay 1 : 0

Endspiel: 21. Juni / Mexico City
Brasilien — Italien 4 : 1

Das war das deutsche Aufgebot:

* Franz Beckenbauer
* Peter Dietrich
* Klaus Fichtel
* Jürgen Grabowski
* Helmut Haller
* Siegfried Held
* Horst Höttges
* Reinhard Libuda
* Max Lorenz
* Johannes Löhr
* Sepp Maier
* Manfred Manglitz
* Gerhard Müller
* Wolfgang Overath
* Bernd Patzke
* Uwe Seeler
* Karl-Heinz Schnellinger
* Willi Schulz
* Klaus-Dieter Sieloff
* Berti Vogts
* Wolfgang Weber
* Horst Wolter
* Helmut-Schön
* Jupp Derwall
* Prof. Hanns Schoberth
* Erich Deuser

* Helmut Schön und diese 17 Spieler gibt es auf Medaillen bei Shell.

SHELL

MEXICO 70

IX. Fußball-Weltmeisterschaft

Unser weltmeisterliches Team

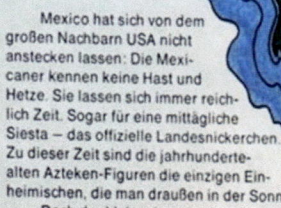

Mexico hat sich von dem großen Nachbarn USA nicht anstecken lassen: Die Mexicaner kennen keine Hast und Hetze. Sie lassen sich immer reichlich Zeit. Sogar für eine mittägliche Siesta – das offizielle Landesnickerchen. Zu dieser Zeit sind die jahrhundertealten Azteken-Figuren die einzigen Einheimischen, die man draußen in der Sonne findet.

Doch der kleine Junge rechts (Juanito heißt er) hat das geradezu Unmögliche geschafft. Er hat das ganze Land zum Jubeln gebracht. Als Symbol der IX. Internationalen Fußball-Weltmeisterschaft in Mexico City! Und Deutschland war natürlich auch mit seinen Star-Kickers dabei.

Und wie sie dabeiwaren! Ständig steigerte sich diese unglaubliche Mannschaft. Schon während der Gruppenspiele in Leon lobte die internationale Kritik: „Überlegene Taktik und die Kampfeskraft von Löwen – bis zur letzten Minute!"

Aber die Höhepunkte standen noch bevor: In zwei Spielen, wie sie die Fußballwelt noch nie erlebt hatte, gaben die deutschen Spieler ihr Letztes! Weltmeister England mußte sich nach 120 Minuten geschlagen geben. Die 120 Minuten des Halbfinales gegen Italien aber waren der Höhepunkt der IX. Fußball-Weltmeisterschaft. Kein Fußball-Fachmann auf der Welt konnte sich erinnern, jemals einen großartigeren Kampf gesehen zu haben!

Spielresultate der IX. Fußball-Weltmeisterschaft 1970

Gruppe I **Mexico City**	UdSSR Mexico Belgien El Salvador	**Gruppe II** **Puebla** **Toluca**	Uruguay Italien Schweden Israel	**Gruppe III** **Guadalajara**	Rumänien England CSSR Brasilien	**Gruppe IV** **Leon**	Peru Bulgarien Marokko Deutschland

Gruppe I		Gruppe II		Gruppe III		Gruppe IV	
31. Mai **UdSSR – Mexico**	0:0	2. Juni **Uruguay – Israel**	2:0	2. Juni **Rumänien – England**	0:1	2. Juni **Peru – Bulgarien**	3:2
3. Juni **Belgien – El Salvador**	3:0	3. Juni **Italien – Schweden**	1:0	3. Juni **CSSR – Brasilien**	1:4	3. Juni **Marokko – Deutschl.**	1:2
6. Juni **UdSSR – Belgien**	4:1	6. Juni **Uruguay – Italien**	0:0	6. Juni **Rumänien – CSSR**	2:1	6. Juni **Peru – Marokko**	3:0
7. Juni **Mexico – El Salvador**	4:0	7. Juni **Schweden – Israel**	1:1	7. Juni **England – Brasilien**	0:1	7. Juni **Bulgarien – Deutschl.**	2:5
10. Juni **UdSSR – El Salvador**	2:0	10. Juni **Uruguay – Schweden**	0:1	10. Juni **Rumänien – Brasilien**	2:3	10. Juni **Peru – Deutschland**	1:3
11. Juni **Mexico – Belgien**	1:0	11. Juni **Italien – Israel**	0:0	11. Juni **England – CSSR**	1:0	11. Juni **Bulgarien – Marokko**	1:1

Viertelfinale: 14. Juni
UdSSR – Uruguay n.V. 0:1

Viertelfinale: 14. Juni
Italien – Mexico 4:1

Viertelfinale: 14. Juni
Brasilien – Peru 4:2

Viertelfinale: 14. Juni
Deutschl. – England n.V. 3:2

Halbfinale: 17. Juni / Mexico City
Deutschland – Italien n.V. 3:4

Halbfinale: 17. Juni / Guadalajara
Brasilien – Uruguay 3:1

Spiel um den 3. Platz: 20. Juni / Mexico City
Deutschland – Uruguay 1:0

Endspiel: 21. Juni / Mexico City
Brasilien – Italien 4:1

Helmut Schön und die entscheidenden Spieler der deutschen Mannschaft von Mexico.

Das war das deutsche Aufgebot

✳ **Franz Beckenbauer geb. 11. 9. 1945**
Bayern München
43 Länderspiele

Peter Dietrich geb. 6. 3. 1944
Borussia Mönchengladbach
1 Länderspiel

✳ **Klaus Fichtel geb. 19. 11. 1944**
Schalke 04
18 Länderspiele

✳ **Jürgen Grabowski geb. 7. 7. 1944**
Eintracht Frankfurt
12 Länderspiele

Helmut Haller geb. 21. 7. 1939
Juventus Turin
33 Länderspiele

✳ **Siegfried Held geb. 7. 8. 1942**
Borussia Dortmund
30 Länderspiele

✳ **Horst Höttges geb. 10. 9. 1943**
Werder Bremen
43 Länderspiele

✳ **Reinhard Libuda geb. 10. 10. 1942**
Schalke 04
20 Länderspiele

Max Lorenz geb. 19. 8. 1939
Eintracht Braunschweig
19 Länderspiele

✳ **Johannes Löhr geb. 5. 7. 1942**
1. FC Köln
19 Länderspiele

✳ **Sepp Maier geb. 28. 2. 1944**
Bayern München
24 Länderspiele

Manfred Manglitz geb. 8. 3. 1940
1. FC Köln
4 Länderspiele

✳ **Gerhard Müller geb. 3. 11. 1945**
Bayern München
25 Länderspiele

✳ **Wolfgang Overath geb. 29. 9. 1943**
1. FC Köln
55 Länderspiele

✳ **Bernd Patzke geb. 24. 3. 1943**
Hertha BSC
22 Länderspiele

✳ **Uwe Seeler geb. 5. 11. 1936**
Hamburger SV
71 Länderspiele

✳ **Karl-Heinz Schnellinger geb. 31. 3. 1939**
AC Mailand
46 Länderspiele

✳ **Willi Schulz geb. 4. 10. 1938**
Hamburger SV
66 Länderspiele

Klaus-Dieter Sieloff geb. 27. 2. 1942
Borussia Mönchengladbach
9 Länderspiele

✳ **Berti Vogts geb. 30. 12. 1946**
Borussia Mönchengladbach
30 Länderspiele

✳ **Wolfgang Weber geb. 26. 6. 1944**
1. FC Köln
39 Länderspiele

✳ **Horst Wolter geb. 8. 6. 1942**
Eintracht Braunschweig
13 Länderspiele

✳ **Helmut Schön geb. 15. 9. 1915**
bei 59 Länderspielen als Bundestrainer

Jupp Derwall geb. 10. 3. 1927
bei 10 Länderspielen als Trainerassistent

Prof. Hanns Schoberth geb. 25. 2. 1922
bei 45 Länderspielen als Mannschaftsarzt

Erich Deuser geb. 2. 7. 1910
bei 184 Länderspielen als Masseur

Anzahl der Länderspiele bis zum Ende
der IX. Fußball- Weltmeisterschaft.

✳ **Helmut Schön und diese 17 Spieler gibt es auf Medaillen bei Shell.**

Gruppenspiel gegen Peru - Müller verwandelt zum 2 : 0

Glücklich über den 3. Platz - Unser Mexico-Team gratuliert Overath zum 1 : 0

Unser Mexico-Team machte Fußballgeschichte.

Shell liefert dazu das „Geschichtsbuch".

Die Spiele der deutschen Mannschaft hielten die ganze Welt in Atem. Auch Sie. Und uns.

Viele hundert begeisterte Kommentare sind inzwischen über die deutsche Mannschaft und ihre großartigen Kämpfe in Mexico geschrieben worden.

Mit Recht. Denn die deutsche Fußball-Nationalmannschaft lieferte in Mexico Spiele, die die Fußballwelt nie vergessen wird.

Aber jetzt bietet Shell mehr als nur Worte und Bilder: 18 silberfarbene Medaillen!

Auf 17 Medaillen sind die Köpfe unserer begeisternden Spieler abgebildet. Auf der 18. Bundestrainer Helmut Schön.

Und auf der Rückseite das offizielle Emblem der IX. Fußball-Weltmeisterschaft in Mexico.

Helmut Schön und diese 17 Spieler gibt es auf Medaillen bei Shell:

Franz Beckenbauer, Siegfried Held, Johannes Löhr, Gerhard Müller, Wolfgang Overath, Sepp Maier, Jürgen Grabowski, Bernd Patzke, Willi Schulz, Reinhard Libuda, Uwe Seeler, Horst Wolter, Klaus Fichtel, Karl-Heinz Schnellinger, Wolfgang Weber, Horst Höttges, Berti Vogts

Sie bekommen diese Medaillen bei Shell.
Jedesmal eine, wenn Sie mindestens 20 Liter tanken.

Große Sammel-Klappkarte DM 1,50 · Kleine Sammelkarte DM 0,50

Vorwort:

In diesem Buch geht es um die SHELL-Medaillen der Sammlung MEXICO 70.
Bei der TRAUM ELF 69 wurden diese Medaillen noch Sammel-Münzen genannt.
SHELL-Medaillen wurden in vielen Ländern beim Tanken von Benzin oder Diesel vergeben.
Ein USA-Buch wird es von SÜLTZ BÜCHER extra geben. Der Weltraum und die TRAUM ELF 69
sind bereits veröffentlicht.

Zunächst noch einmal die Zeitgeschichte, was SHELL in Deutschland herausgab:

Traum-Elf 1969

Dies sind die 15 Anwärter für Ihre Traum-Elf! – Hinter dem Namen und dem Geburtstag des Spielers finden Sie den Namen seines Vereins. Und die dritte Zeile sagt Ihnen, wann der Spieler zum erstenmal in der Nationalmannschaft gestanden hat, und wie der Gegner in diesem Spiel hieß.

1. Franz Beckenbauer geb. 11.9.45
   Bayern München
   26.9.65 gegen Schweden

2. Bernd Dörfel geb. 18.12.44
   Eintracht Braunschweig
   19.11.66 gegen Norwegen

3. Klaus Fichtel geb. 19.11.44
   Schalke 04
   22.2.67 gegen Marokko

4. Klaus Gerwien geb. 11.9.40
   Eintracht Braunschweig
   29.12.63 gegen Marokko

5. Sigi Held geb. 7.8.42
   Borussia Dortmund
   23.2.66 gegen England

6. Horst-Dieter Höttges geb. 10.9.43
   Werder Bremen
   13.3.65 gegen Italien

7. Sepp Maier geb. 28.2.44
   Bayern München
   4.5.66 gegen Irland

8. Gerhard Müller geb. 3.11.45
   Bayern München
   12.10.66 gegen Türkei

9. Günter Netzer geb. 14.9.44
   Borussia Mönchengladbach
   9.10.65 gegen Österreich

10. Wolfgang Overath geb. 29.9.43
    1. FC Köln
    28.9.63 gegen Türkei

11. Willi Schulz geb. 4.10.38
    Hamburger SV
    20.12.59 gegen Jugoslawien

12. Berti Vogts geb. 30.12.46
    Borussia Mönchengladbach
    3.5.67 gegen Jugoslawien

13. Wolfgang Weber geb. 26.6.44
    1. FC Köln
    29.4.64 gegen Tschechoslowakei

14. Herbert Wimmer geb. 9.11.44
    Borussia Mönchengladbach
    23.11.68 gegen Zypern

15. Horst Wolter geb. 8.6.42
    Eintracht Braunschweig
    22.2.67 gegen Marokko

Die Abbildungen und Namen dieser Spieler finden Sie auf 15 attraktiven Münzen. Jedesmal, wenn Sie bei Shell 15 Liter und mehr tanken, erhalten Sie pro Besuch eine Münze, solange die Aktion „Traum-Elf 1969" läuft.

Es begann mit der Sammelkarte mit 15 Fußballspielern. Klaus Gerwien und Herbert Wimmer waren dabei.

Danach kamen zwei Sammelkarten mit je 17 Spielern in die Tankstellen. Ohne Klaus Gerwien und Herbert Wimmer.

Alle Spieler sind wieder auf der Rückseite aufgeführt. Geplant war, dass es Extra-Medaillen geben sollte, wobei der Sammler mitbestimmen konnte.

Reinhard Libuda war eine Extra-Sammel-Münze.

Traum-Elf 1969

Dies sind die 15 Anwärter für Ihre Traum-Elf! – Hinter dem Namen und dem Geburtstag des Spielers finden Sie den Namen seines Vereins. Und die dritte Zeile sagt Ihnen, wann der Spieler zum erstenmal in der Nationalmannschaft gestanden hat, und wie der Gegner in diesem Spiel hieß.

1. **Franz Beckenbauer** geb. 11.9.45
Bayern München
26.9.65 gegen Schweden

2. **Bernd Dörfel** geb. 18.12.44
Eintracht Braunschweig
19.11.66 gegen Norwegen

3. **Klaus Fichtel** geb. 19.11.44
Schalke 04
22.2.67 gegen Marokko

4. **Klaus Gerwien** geb. 11.9.40
Eintracht Braunschweig
29.12.63 gegen Marokko

5. **Sigi Held** geb. 7.8.42
Borussia Dortmund
23.2.66 gegen England

6. **Horst-Dieter Höttges** geb. 10.9.43
Werder Bremen
13.3.65 gegen Italien

7. **Sepp Maier** geb. 28.2.44
Bayern München
4.5.66 gegen Irland

8. **Gerhard Müller** geb. 3.11.45
Bayern München
12.10.66 gegen Türkei

9. **Günter Netzer** geb. 14.9.44
Borussia Mönchengladbach
9.10.65 gegen Österreich

10. **Wolfgang Overath** geb. 29.9.43
1. FC Köln
28.9.63 gegen Türkei

11. **Willi Schulz** geb. 4.10.38
Hamburger SV
20.12.59 gegen Jugoslawien

12. **Berti Vogts** geb. 30.12.46
Borussia Mönchengladbach
3.5.67 gegen Jugoslawien

13. **Wolfgang Weber** geb. 26.6.44
1. FC Köln
29.4.64 gegen Tschechoslowakei

14. **Herbert Wimmer** geb. 9.11.44
Borussia Mönchengladbach
23.11.68 gegen Zypern

15. **Horst Wolter** geb. 8.6.42
Eintracht Braunschweig
22.2.67 gegen Marokko

Die Abbildungen und Namen dieser Spieler finden Sie auf 15 attraktiven Münzen. Jedesmal, wenn Sie bei Shell 15 Liter und mehr tanken, erhalten Sie pro Besuch eine Münze, solange die Aktion „Traum-Elf 1969" läuft.

Reinhard Libuda war allerdings die einzige Medaille, die noch als 18. Sammel-Münze geprägt wurde. Wem die beiden Spieler Wimmer und Gerwien fehlten, hier einen Aufkleber zur Vervollständigung einer Sammlung:

Fritz Walter an alle Fußball-Fans:

"Diese beiden Münzen werden nicht mehr geprägt. Schneide sie aus und klebe sie auf die Sammelkarte."

Sepp Maier

Berti Vogts   Wolfgang Weber   Willi Schulz   Karl-Heinz Schnellinger

Franz Beckenbauer   Wolfgang Overath

Bernd Dörfel   Helmut Haller   Gerhard Müller   Sigi Held

"Hier meine Aufstellung auf dem Spielfeld. Viel Freude beim Sammeln."

Bei Shell gibt's Fußball-Stars auf Münzen.

Fritz Walter hat diese 17 Spieler für Sie ausgewählt

1. Franz Beckenbauer
2. Bernd Dörfel
3. Klaus Fichtel
4. Helmut Haller
5. Sigi Held
6. H.-D. Höttges
7. Sepp Maier
8. Gerhard Müller
9. Günter Netzer
10. Wolfgang Overath
11. Bernd Patzke
12. K.-H. Schnellinger
13. Willi Schulz
14. Uwe Seeler
15. Berti Vogts
16. Wolfgang Weber
17. Horst Wolter

Zum Aufbewahren Ihrer Traum-Elf gibt es [illegible] an Shell-Stationen.

Ja, liebe Fußballfreunde. Shell hatte die Idee, 17 Münzen für Sie prägen zu lassen. Mit Bild und Namen von 17 deutschen Nationalspielern. Und ich habe die 17 ausgewählt. Die Sache hat mir viel Spaß gemacht, weil sie wirklich etwas Neues aus dem alten Thema Fußball macht. Sicherlich werden auch Sie Freude haben an einer kompletten Sammlung der „glorreichen 17".

Viel Spaß beim Sammeln.

Ihr

Fritz Walter

SHELL

Wenn Sie 15 Liter oder mehr tanken, bekommen Sie eine Münze.

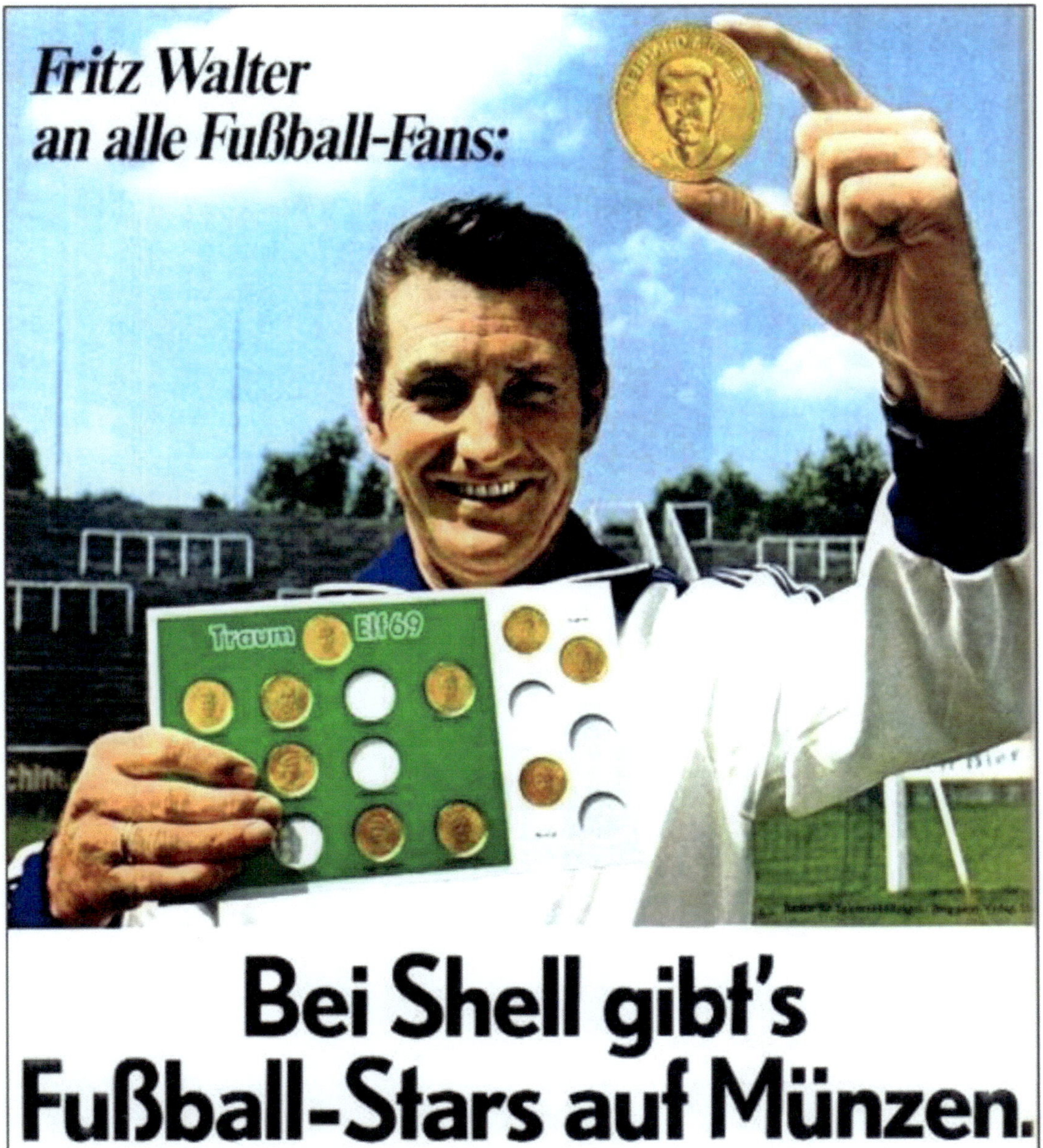

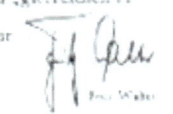

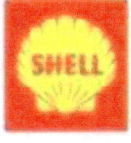

In Kürze: Extra-Münze von „Stan“ Libuda!

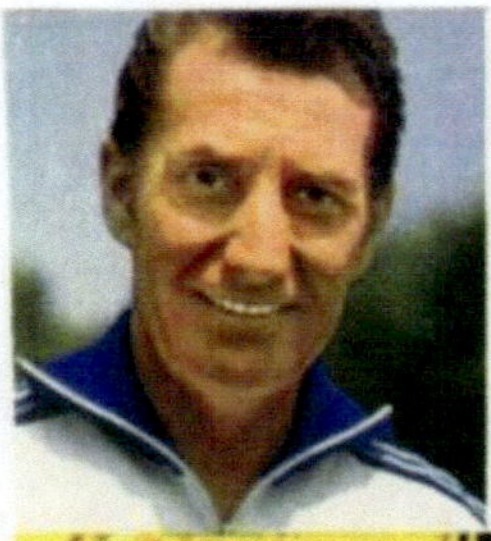

Fritz Walter: "Hier ist sie, meine Traum-Elf 69!"

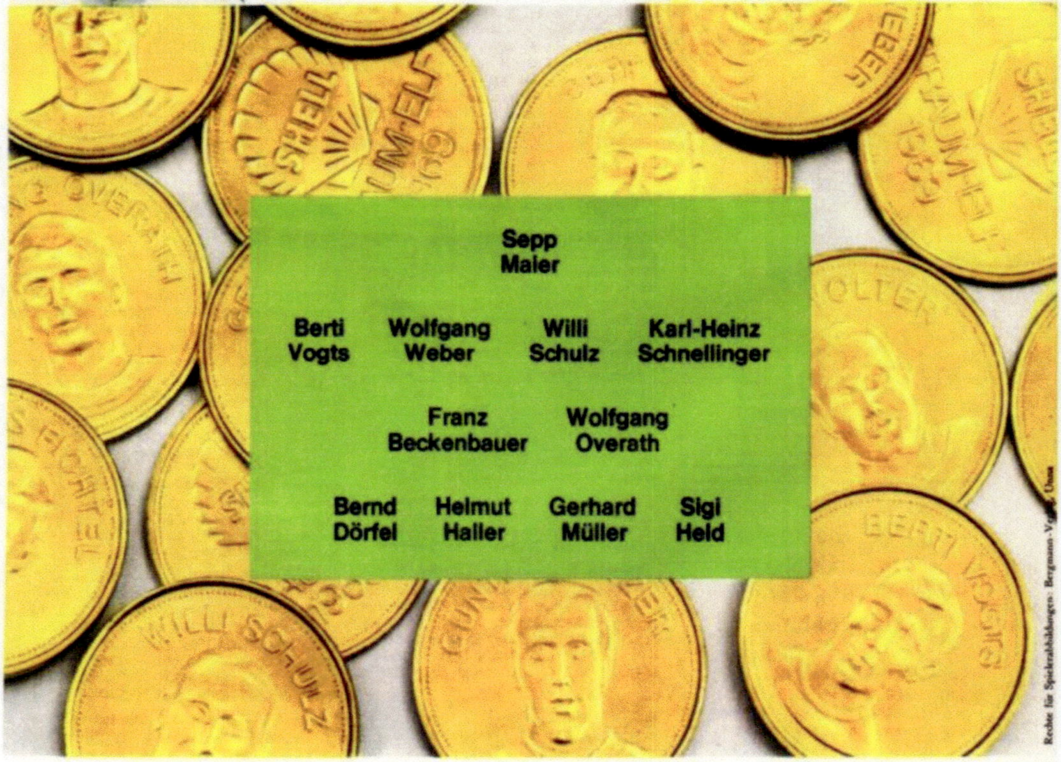

Liebe Fußballfreunde,
so eine Traum-Elf aufzustellen ist wirklich eine heikle Sache. Alle 17 Münz-Stars sind im Durchschnitt so gut, daß man sich gar nicht so recht entscheiden mag. Wenigstens nicht vom grünen Tisch aus. Denn das Wichtigste bei einer Mannschaftsaufstellung ist die Tagesform der einzelnen Kandidaten. Und die konnte ich ja nicht berücksichtigen.

Deshalb sehen Sie meine Traum-Elf bitte nur als eine Möglichkeit. Und vielleicht auch als Anregung für Ihre eigene Münz-Elf. Ist sie schon komplett?

Weiterhin viel Spaß Ihr

Fritz Walter

Wenn Sie 15 Liter oder mehr tanken, bekommen Sie eine Münze.

PROTEST!

Ich bin mit der Traum-Elf von Fritz Walter überhaupt nicht einverstanden. Sicher spielt die Tagesform eine Rolle. Trotzdem sind in der Walter-Elf ein paar böse Schnitzer drin, die korrigiert werden müssen.

Ich füge eine Aufstellung meiner Traum-Elf bei, die auf allen Positionen wirklich optimal besetzt ist.

Diesen Coupon bitte ausschneiden und an Shell Service, 2 Hamburg 1, Postfach 943 schicken.

SHELL

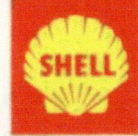

Und hier Würfelspiele mit SHELL-Sammel-Münzen:

Wie erwähnt, in vielen Ländern wurden Sammelkarten und Medaillen verteilt, hier eine Auswahl:

 **DÄNEMARK**

 **Finnland**

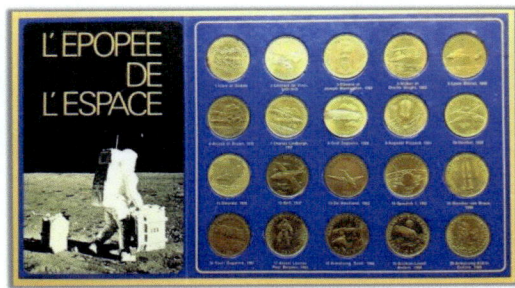

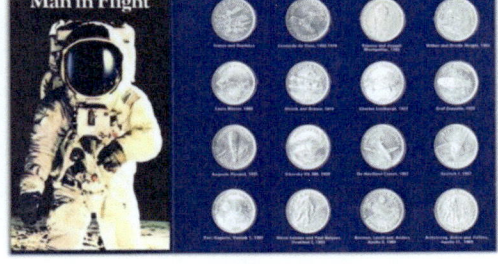

 **FRANKREICH**

 **GROßBRITANNIEN**

 **Niederlande**

 **NORWEGEN**

Fußballbilder und Sammelkarten wurden in Unna Königsborn, im Bergmann Verlag hergestellt. Der Bergmann-Verlag in Unna-Königsborn produzierte in den 1960er Jahren in großer Zahl Sammelbilder und Alben zum Thema Fußball. Namensgeber und Verlagsgründer war Heinz Bergmann. Nach der Verlegung des Bergmann-Verlages um 1974 in die Schweiz erfolgte 1979 eine Kooperation mit der italienischen Panini-Gruppe in Modena.

Diese Reihe wird fortgesetzt mit Sammel-Münzen über Sportwagen, Oldtimer, Fußball aus anderen Ländern und Weltraum aus anderen Ländern.

SÜLTZ BÜCHER ist Förderer von WIKIPEDIA/WIKIMEDIA

Helmut Schön (* 15. September 1915 in Dresden; † 23. Februar 1996 in Wiesbaden) war ein deutscher Fußballspieler und der bislang erfolgreichste Bundestrainer.

Als Spieler des Dresdner SC gewann Schön in den Runden 1942/43 und 1943/44 zweimal die deutsche Fußballmeisterschaft und in den Jahren 1940 und 1941 zweimal den Tschammer-Pokal. Zwischen 1937 und 1941 berief ihn Sepp Herberger zu 16 Länderspielen, bei denen Schön 17 Tore erzielte, in die Fußballnationalmannschaft. Als Spielertrainer vollzog er nahtlos den Übergang in das Traineramt. Schön war sowohl Trainer der Auswahl der Sowjetzone, des Vorläufers der Fußballnationalmannschaft der DDR, Nationaltrainer der Saarländischen Fußballnationalmannschaft und Bundestrainer der Deutschen Fußballnationalmannschaft. Er wurde als Bundestrainer von 1964 bis 1978 einer der erfolgreichsten Nationaltrainer der Welt. Bei seinem ersten Weltmeisterschafts-Turnier als Bundestrainer 1966 in England erreichte er mit der deutschen Nationalmannschaft das Finale; bei der Weltmeisterschaft 1970 in Mexiko wurde er mit der Mannschaft Dritter. Er gewann die Europameisterschaft 1972, die Weltmeisterschaft 1974 in Deutschland und wurde 1976 in Jugoslawien Vizeeuropameister. Dass Schön als Bundestrainer den Nationalspielern viele Freiräume und Mitspracherechte einräumte, statt ihnen starre taktische Maßregeln vorzugeben, sehen viele Sportjournalisten als seine herausragende Leistung an, wurde aber auch, insbesondere am Ende seiner Trainerlaufbahn, häufig als Führungsschwäche ausgelegt.

Bundestrainer, 1964 bis 1978

Am 7. Juni 1964 betreute Sepp Herberger bei dem Freundschaftsspiel in Helsinki gegen Finnland letztmals die deutsche Nationalmannschaft. In der letzten Phase der Ära Herberger hatte die Bundesliga in der Saison 1963/64 als Leistungsspitze des deutschen Fußballs den Spielbetrieb aufgenommen und damit die international nicht konkurrenzfähigen regionalen Oberligen abgelöst. Dem neuen Bundestrainer stellte sich sofort die schwierige Aufgabe der Qualifikation zur Weltmeisterschaft 1966 in England. Schweden und Zypern waren die Gegner und das erste Spiel gegen die Skandinavier fand ohne Vorbereitungsländerspiel bereits am 4. November 1964 in Berlin statt.[45] Durch zwei Kurzlehrgänge mit Probespielen im September in Augsburg gegen eine Südauswahl und im Oktober in Düsseldorf gegen Sheffield Wednesday versuchte Helmut Schön mit seinem Assistenten Dettmar Cramer der Nationalmannschaft Form und Gestalt zu geben. Zu seinem ersten Spiel als verantwortlicher Bundestrainer schickte er folgende Elf auf das Feld:

Tilkowski (Borussia Dortmund); Nowak (Schalke 04), Schnellinger (AS Rom); Giesemann (Hamburger SV), Weber (1. FC Köln), Szymaniak (FC Varese); Brunnenmeier (1860 München), Haller (AC Bologna), Seeler (Hamburger SV), Overath (1. FC Köln), Gert Dörfel (Hamburger SV).

Die deutsche Nationalelf in der Sportschule Malente 1965

hinten: Wolfgang Weber, Trainer Dettmar Cramer, Karl-Heinz Schnellinger, Klaus-Dieter Sieloff, Max Lorenz, Horst Szymaniak, Werner Krämer, Peter Grosser, Uwe Seeler, Assistenz-Trainer Udo Lattek, Franz Beckenbauer, Masseur Erich Deuser, Nationaltrainer Helmut Schön

vorn: Horst-Dieter Höttges, Alfred Heiß, Willi Schulz, Lothar Ulsaß, Manfred Manglitz, Rudolf Brunnenmeier, Hans Tilkowski

Das Spiel endete mit einem 1:1-Unentschieden und die Aufgabe der erfolgreichen WM-Qualifikation war durch den Punktverlust nicht leichter geworden. Der oftmals als dünnhäutig und überempfindlich, zu anfällig gegen den leisesten Hauch von Zweifeln und als „Zauderer" beschriebene Helmut Schön reagierte nach reiflicher Überlegung, aber resistent gegenüber dem öffentlichen Druck, mit richtungsweisenden Personalentscheidungen. Für das entscheidende Qualifikationsspiel am 26. September 1965 in Stockholm gegen Schweden setzte er auf den gerade 20 Jahre alt gewordenen Münchner Debütanten Franz Beckenbauer und auf seinen Kapitän Uwe Seeler, obwohl dieser gerade erst eine sechsmonatige Spielpause wegen einer Achillessehnenoperation hinter sich hatte. Durch Treffer von Werner Krämer und Uwe Seeler gewann die Schön-Elf das Spiel mit 2:1 Toren und war für die Weltmeisterschaft 1966 in England qualifiziert. Im Turnier vom 11. bis 30. Juli überzeugte die deutsche Mannschaft nicht nur durch das Erreichen des Finales: Die Mannschaft zeichnete sich durch spielerische Attribute aus und hatte mit Franz Beckenbauer, Helmut Haller und Wolfgang Overath Akteure in ihren Reihen, die für Offensivspiel, Spielwitz und Technik standen. Das Finale war zudem nicht nur wegen des ominösen Wembley-Tors zum 3:2 für den neuen Weltmeister England ein denkwürdiges Spiel. Nach der von der Defensive geprägten Weltmeisterschaft 1962 in Chile setzte der neue Bundestrainer mit seiner Mannschaft in England Akzente im Offensivspiel.

In der Qualifikation zur Europameisterschaft 1968 erlebte der Bundestrainer einen Rückschlag. Nach dem 6:0-Startsieg am 8. April 1967 in Dortmund gegen Albanien gab es einen Monat später in Belgrad am 3. Mai gegen Jugoslawien eine 0:1-Niederlage, die sofort die Kritiker auf den Plan rief. Tenor war die vermeintlich zu defensive Einstellung der Mannschaft. Am 7. Oktober gelang mit einem 3:1-Heimerfolg in Hamburg umgehend die Revanche. Das Spiel am 17. Dezember 1967 in Tirana gegen Albanien hatte die Entscheidung im Zweikampf mit Jugoslawien zur Folge. Durch ein 0:0-Unentschieden kam das unerwartete Scheitern in der EM-Qualifikation. Schön stand in der Folgezeit massiv in der Kritik. Mit dieser belastenden Vorgeschichte ging es in die Qualifikationsspiele zur Weltmeisterschaft 1970 in Mexiko. Gegen Österreich, Schottland und Zypern führte Schön seine Mannschaft mit fünf Siegen und einem Unentschieden zum Finalturnier. Der 3:2-Abschlusserfolg am 22. Oktober 1969 in Hamburg gegen Schottland, als Reinhard „Stan" Libuda in der 79. Spielminute einen Alleingang mit dem Siegtor vor 72.000 Zuschauern abschloss, brachte die Entscheidung für die Schön-Elf.

Von der Weltmeisterschaft 1970 bis zur Europameisterschaft 1976

Mit der spielerischen Vorstellung seiner Mannschaft beim WM-Turnier in Mexiko 1970 „nabelte" sich Schön endgültig erfolgreich als Bundestrainer von seinem Vorgänger Sepp Herberger ab. Bereits die Auftritte in den Gruppenspielen gegen Bulgarien und Peru waren Demonstrationen hoher Spielkunst. Beckenbauer, Overath und der ins Mittelfeld gerückte Uwe Seeler bestimmten das Spiel, Gerd Müller setzte sich auch international als Torjäger durch und das Wechselspiel an den Flügeln mit Reinhard Libuda, Jürgen Grabowski, Hannes Löhr und Sigfried Held verwirrte die Gegner und bereitete den Zuschauern ein attraktives Spiel. Das spannende Viertelfinalspiel gegen England, das Deutschland nach einem 0:2-Rückstand noch mit 3:2 siegreich beendete, rief bei Frankreichs L'Équipe ein originelles Urteil hervor:

„,Phantastisch! Unglaublich! Wundervoll! Außergewöhnlich!' Welches Wort beschreibt am besten den Sieg Deutschlands über eine wunderbare englische Mannschaft! Wir überlassen Ihnen die Wahl."

Erinnerungstafel an das Jahrhundertspiel am Aztekenstadion

Die Dramaturgie und das permanente Offensivspiel der deutschen Mannschaft beim anschließenden Halbfinale mit dem 4:3-Sieg Italiens – danach oft als Jahrhundertspiel gefeiert –

brachten Trainer, Mannschaft und dem deutschen Fußball Sympathien in der ganzen Welt ein. Die Nationalmannschaft setzte in Mexiko die Philosophie von Helmut Schön – erfolgreich und schön – um und entsprach seinem Verständnis des Fußballspiels. An der Mittelstürmerfrage (Gerd Müller oder Uwe Seeler?) manifestierte sich in der öffentlichen Expertenmeinung noch lange die Wahrnehmung von Schöns „Entschlusslosigkeit und seinem Wankelmut". Schöns Lösung, Seeler in die zweite Reihe hinter Müller zurückzuziehen, brachte ihm den Ruf ein, nur deshalb an beiden festzuhalten, um keinen von ihnen zu kränken. Die Auftritte der Mannschaft in Mexiko, die Leistungen Gerd Müllers und Uwe Seelers sprachen jedoch für die Richtigkeit der Maßnahmen des Bundestrainers und gegen die Einordnung als „Kompromisslösung".

Als nächste Bewährung stand bereits am 17. Oktober 1970 das erste Qualifikationsspiel in der Gruppe 8 zur EM 1972 in Köln gegen die Türkei bevor. Nach der erfolgreichen Gruppenrunde gegen Albanien, Türkei und Polen fand am 29. April 1972 im Londoner Wembley-Stadion das EM-Viertelfinalhinspiel gegen England statt. Mit 3:1 gewann die DFB-Mannschaft, womit die zu Beginn überlegenen Engländer am Ende noch gut bedient waren. Dabei war die Aufstellung des „vorsichtigen, ängstlichen Zauderers" Schön überaus riskant : Mit Horst-Dieter Höttges und Georg Schwarzenbeck hatte er lediglich zwei Akteure für die reine Defensive nominiert, dazu Beckenbauer und Paul Breitner, die stets dem Spiel nach vorne entscheidende Impulse geben konnten. Die Defensivqualitäten im Mittelfeld hielten sich bei den Spielern Herbert Wimmer, Günter Netzer und Uli Hoeneß in Grenzen. Dazu kamen die Stürmer Grabowski, Gerd Müller und Held als reine Offensivkräfte. Dass auch eine eindeutig spielerisch strukturierte Mannschaft die beiden Pole des Fußballspiels, Defensive und Offensive, im richtigen Verhältnis erfolgreich anwenden kann, demonstrierte die Mannschaft von Helmut Schön gegen England durch den herausgespielten 3:1-Erfolg. Schöns Handschrift war klar zu erkennen. Seine Führung der Mannschaft, die auf den „mündigen Spieler" vertraute, setzte Kräfte frei, die sich bei einem autoritären Trainer nicht derart hätten entwickeln können. Im Halbfinale folgte ein 2:1-Erfolg gegen Belgien und im Finale war die Sowjetunion beim 3:0-Sieg der deutschen Mannschaft chancenlos. Seit Wembley übertraf sich die internationale Fachpresse mit Glückwünschen und Superlativen:

„„Helmut Schöns Mannschaft eröffnete einen neuen Zeitabschnitt im Fußball', schwärmte der Mailänder Corriere della Sera nach dem 3:0-Finalsieg des bundesdeutschen Nationalteams über die Sowjetunion. ‚Wir müssen von den Deutschen lernen. Sie haben Spielzüge, die in keinem Lehrbuch stehen', gestand der sowjetische Nationaltrainer Ponomarjow nach Spielschluss, während die französische L'Équipe Günter Netzer als ‚den besten Spieler unseres Erdteils' bezeichnete."

Berti Vogts und Martin Hoffmann beim Spiel BR Deutschland – DDR 1974
Vor dem Weltmeisterschaftsturnier 1974 in Deutschland veränderte sich das Gesicht dieser Mannschaft. Günter Netzer war 1973 nach Spanien zu Real Madrid gewechselt und kam wegen

einer Verletzung mit Trainingsrückstand zum Vorbereitungslehrgang nach Malente. Herbert Wimmer gehörte nicht mehr zur Stammbesetzung und der Flügelflitzer Erwin Kremers wurde ebenso wie der Routinier Sigfried Held nicht nominiert. Im dritten Gruppenspiel gegen die DDR bildeten Grabowski und Gerd Müller alleine den Angriff. Die Ostdeutschen gewannen mit 1:0 Toren und im DFB-Lager herrschte Krisenstimmung. In der Sportschule Malente, in der schon in der Vorbereitungsphase ein Streit wegen der Spielerprämien ausgebrochen war, warf der Bundestrainer einigen Spielern vor, nicht so gekämpft zu haben, wie es notwendig war. Unterstützung fand der Trainer bei seinem Kapitän Franz Beckenbauer, der monierte: „Drei, vier Spieler kämpfen nicht mit dem Einsatz, wie es bei einer Weltmeisterschaft notwendig ist." Erst eine Stunde vor dem ersten Zwischenrundenspiel gab Helmut Schön seine Mannschaft bekannt. Die Überraschung war, dass mit Uli Hoeneß, Jürgen Grabowski, Heinz Flohe und Bernhard Cullmann vier Spieler aus dem Team, das 0:1 gegen die DDR verloren hatte, fehlten. In den Medien gingen aus den Krisendiskussionen dieser Nacht und der Pressekonferenz, bei der der Kapitän, neben dem Bundestrainer sitzend, dessen Ausführungen mit eigenen Worten unterstrich, die Schlagzeilen hervor: „Franz Beckenbauer stieg zum Neben-Bundestrainer auf. Was Helmut Schön nun unternahm, war mit dem kommenden Kaiser abgesprochen." Der WM-Teilnehmer Bernd Hölzenbein beschreibt in einem Beitrag für das Magazin 11 Freunde in der Sonderausgabe Die Siebziger im Oktober 2009 die damalige Situation klarstellend:

„Meine Chance bei der WM kam erst nach der Niederlage gegen die DDR. Als Dresdner empfand Schön das Spiel als persönliche Beleidigung. Er nahm es der Mannschaft übel, dass sie verloren hatte – und sprach am nächsten Tag kein Wort mit uns. Dass er uns seine tiefe Enttäuschung auf diese Weise spüren ließ, anstatt uns eine Standpauke zu halten oder Strafen auszusprechen, war für alle höchst bedrückend. Das war ihm eigen. Helmut Schön motivierte nicht durch laute Ansprachen, er motivierte, indem er beleidigt war. Es fühlte sich an, als hätte man den eigenen Vater enttäuscht. Die ganze Mannschaft schämte sich. Dann sprach Franz Beckenbauer ein Machtwort. Er votierte bei Schön dafür, dass ich Uli Hoeneß in der Anfangsformation in der Zwischenrunde gegen Jugoslawien ersetzen sollte. Auch Rainer Bonhof, Dieter Herzog und Hacki Wimmer kamen in die Mannschaft. Später wurde immer wieder geschrieben, dass Beckenbauer Schön entmachtet hätte. Völliger Quatsch. Er stellte die Mannschaft auf, aber er war, anders als andere Trainer dieser Zeit, bereit, Argumente abzuwägen und auch andere Meinungen gelten zu lassen."

Das Resultat der Zwischenrunde waren Erfolge gegen Jugoslawien, Schweden und Polen und damit der Einzug in das Finale gegen die Niederlande. Jetzt stand die Formation mit Rainer Bonhof, Overath und Hoeneß im Mittelfeld und mit Grabowski, Gerd Müller und Bernd Hölzenbein im Angriff. Taktisch entschied man sich, den niederländischen Starspieler Johan Cruyff mit enger Manndeckung[69] durch den schnelleren Berti Vogts zu bekämpfen, Georg Schwarzenbeck hatte es mehr mit Rob Rensenbrink zu tun und Bonhof sollte den Spielmacher Wim van Hanegem mit seiner Dynamik in die ungeliebte Defensive drängen. Allerdings gingen die Niederländer bereits in der ersten Minute durch einen von Neeskens verwandelten Foulelfmeter in Führung. Nach guter erster Halbzeit führte die deutsche Mannschaft aber mit 2:1 Toren und hatte auch im Spiel nach vorne überzeugende Momente. Die zweite Spielhälfte stand ganz im Zeichen eines Sturmlaufs der Niederländer und einer deutschen Mannschaft, die sich kämpferisch gab und den Vorsprung über die Zeit rettete. Helmut Schön hatte mit seiner Mannschaft nach dem Europameisterschaftstitel 1972 auch die Weltmeisterschaft 1974 gewonnen. Begonnen hatte die Turnierserie 1966 mit der Vizeweltmeisterschaft und 1970 mit dem dritten Rang in Mexiko. Nur die Art und Weise des Zustandekommens des Sieges 1974 waren spielerisch nicht vergleichbar mit den Auftritten von 1970 und 1972.

Nach dem WM-Triumph beendeten Jürgen Grabowski, Gerd Müller und Wolfgang Overath ihre Nationalmannschaftskarriere und der junge Paul Breitner wechselte zu Real Madrid. Sie hinterließen Lücken; der Verlust des Torjägers Gerd Müller wog besonders schwer. Der Bundestrainer hatte aber keine Zeit zu verlieren, denn im November 1974 stand das erste Qualifikationsspiel zur Europameisterschaft 1976 auf dem Terminplan.[71] Im Viertelfinale traf Deutschland auf Spanien, erzielte am 24. April 1976 in Madrid ein 1:1-Unentschieden und gewann das Rückspiel in München mit 2:0 Toren. Damit war der Titelverteidiger in das Halbfinale eingezogen, das im Juni 1976 in Jugoslawien stattfand. Nach einem 4:2-Erfolg in der Verlängerung gegen den Gastgeber zog Deutschland in das Finale am 17. Juni in Belgrad ein. Zur zweiten Halbzeit kam der Kölner Heinz Flohe für Dietmar Danner und in der 79. Minute der Mittelstürmer des 1. FC Köln, Dieter Müller, für Herbert Wimmer in die Mannschaft. Müller erzielte bei seinem Nationalmannschaftsdebüt drei Treffer. Das Finale entschied die Tschechoslowakei nach einem 2:2 nach Verlängerung mit 5:3 Toren im Elfmeterschießen für sich. Immer noch gehörte die Mannschaft von Helmut Schön zu den besten Teams in Europa. Von einer Überlegenheit oder gar einer Ausnahmemannschaft konnte aber keine Rede mehr sein.

Das letzte Turnier, der Abschied 1978

Am 27. April 1977 schlug Deutschland in Köln vor 58.000 Zuschauern Nordirland mit 5:0. Es war das erste Spiel ohne den damaligen Rekordnationalspieler Franz Beckenbauer, der inzwischen in die USA zu Cosmos New York gewechselt war. Es folgten elf weitere Spiele ohne Niederlage, wobei vor allem die erfolgreiche Südamerikareise mit den Spielen gegen Argentinien, Uruguay, Brasilien und Mexiko im Juni 1977 den Anschein erweckte, Helmut Schön hätte wieder eine Mannschaft, um zuversichtlich zur Weltmeisterschaft im Jahre 1978 nach Argentinien fahren zu können. Die beiden letzten Vorbereitungsländerspiele vor dem Turnier am 5. und 19. April 1978 verlor die DFB-Elf gegen Brasilien und vor allem nach enttäuschender Leistung gegen Schweden in Stockholm mit 1:3 Toren. Nun wurden die Kritikerstimmen zahlreicher, die nach den altgedienten Beckenbauer, Breitner und Grabowski sowie dem jungen Uli Stielike von Real Madrid riefen, die jedoch aus den unterschiedlichsten administrativen und persönlichen Hinderungsgründen der DFB-Auswahl nicht zur Verfügung standen.

Die vier Spieler nahmen schließlich nicht an der Weltmeisterschaft 1978 teil. Das Eröffnungsspiel am 1. Juni 1978 in Buenos Aires gegen Polen endete nach einem schwachen Auftritt mit einem 0:0-Unentschieden. Die Erklärung des Bundestrainers lautete:

„Der allzu große Respekt voreinander, alle Schach- und Winkelzüge belasteten diese Partie. Vom Anpfiff an schienen beide Mannschaften von einer Lähmung befallen zu sein. Nach zwei oder drei Stationen kam fast automatisch der Fehlpaß, bei uns oder bei den Polen. Es wurde ängstlich gespielt. Aus lauter Sicherheitsbedürfnis wurde der Ball quer hin- und hergeschoben, das Spiel in die Breite gezogen. Sehr bald gab es die ersten Pfiffe. Ich konnte die Enttäuschung der Zuschauer verstehen. Schließlich spielte hier der Erste gegen den Dritten der letzten Weltmeisterschaft."

Gegen das enttäuschende Mexiko folgte ein „Scheinfeuerwerk" mit 6:0 Toren, dem sich das abschließende Gruppenspiel gegen Tunesien wiederum mit einem torlosen Unentschieden anschloss. Der Einzug in die Finalrunde war der deutschen Mannschaft nicht mit einer überzeugenden Leistung gelungen. Das Spiel gegen Italien brachte das dritte 0:0 für die deutsche Mannschaft ein. Schön führte die wechselhaften Leistungen seiner Mannschaft auf die fehlende Selbstsicherheit der Mannschaft zurück sowie auf den Umstand, dass sie sich nicht als Persönlichkeit erwiesen habe. Mit 2:2 trennte man sich anschließend von den Niederlanden und im letzten Finalspiel traf man am 21. Juni 1978 in Córdoba auf Österreich. Mit einem Sieg wäre das Spiel um Platz drei gesichert gewesen. Die Unruhe im deutschen WM-Lager über die bisher gezeigten Leistungen führte aber auch in diesem Spiel dazu, dass die Mannschaft erneut nicht zu ihrer Leistung fand und Hans Krankl in der 88. Minute mit dem Siegtreffer zum 3:2 für Österreich den Schlusspunkt für die DFB-Mannschaft setzte. Da Helmut Schön bereits vor der Weltmeisterschaft seinen Rücktritt vom Bundestrainerposten nach dem Turnier erklärt hatte, ging mit diesem glanzlosen Turnier in Argentinien die erfolgreiche Ära beim DFB zu Ende. Er hatte sich den Abschluss seiner Laufbahn anders vorgestellt. Das Spiel um den dritten Platz gegen Brasilien war sein Traum gewesen. Für Schön brach durch die Niederlage gegen Österreich eine Welt zusammen.

Ludger Schulze beendete seine Ausarbeitung über Helmut Schön mit den folgenden Worten:

„Helmut Schön ist vielleicht der letzte Vertreter einer Trainergeneration, die den Fußball, nicht das Geld in den Vordergrund stellte, für die nicht der Verdienst, sondern der Spaß am Beruf die wesentliche Triebfeder war. Und für so etwas haben die Leute schon immer ein Gespür gehabt."

Franz Anton Beckenbauer (* 11. September 1945 in München) ist ein ehemaliger deutscher Fußballspieler, -trainer und -funktionär. Er war von 1994 bis 2009 Präsident des FC Bayern München, seit 2009 ist er Ehrenpräsident. Zudem war er Präsident des Organisationskomitees der Fußball-Weltmeisterschaft 2006 und Aufsichtsratsvorsitzender der FC Bayern München AG. Von 1998 bis 2010 gehörte er als einer der DFB-Vizepräsidenten dem DFB-Präsidium an und war von 2007 bis 2011 Mitglied des FIFA-Exekutivkomitees.

Die größten sportlichen Erfolge Beckenbauers waren die Gewinne der Fußball-Weltmeisterschaft 1974 als Mannschaftskapitän und der WM 1990 als Teamchef. Er ist neben Mário Zagallo und Didier Deschamps einer von nur drei Fußballern, die als Spieler, sowie als Teamchef Weltmeister werden konnten.
In der Nationalmannschaft war er zudem Kapitän der Mannschaften, die 1972 den Europameistertitel errang und 1976 Vizeeuropameister wurde.

Von 1964 bis 1983 spielte er als Profifußballer überwiegend beim FC Bayern München und hatte den Ruf eines internationalen Ausnahmesportlers. Nach seiner aktiven Karriere als Fußballer war er als Teamchef und Sportfunktionär, Werbeträger, Geschäftsmann und Kolumnist bei der BILD-Zeitung, sowie als TV-Experte beim

Privatsender Sky tätig. Einige dieser Tätigkeiten beendete Franz Beckenbauer 2016 aus Altersgründen.

Im Alter von 18 Jahren debütierte Beckenbauer in der ersten Mannschaft des FC Bayern am 1. Spieltag der Aufstiegsrunde zur Bundesliga (6. Juni 1964) gegen den FC St. Pauli. Das Spiel endete 4:0, und Beckenbauer erzielte dabei sein erstes Pflichtspieltor.

Als Linksaußen oder im Mittelfeld spielte er in seiner ersten Saison in der Regionalliga Süd 1964/65, ab dem 8. Spieltag in der Stammformation des FC Bayern. Ab der Regionalliga Süd spielte er zusammen mit Sepp Maier und Gerd Müller, mit denen er in den Folgejahren den deutschen Fußball bestimmte.

1969 gewann Beckenbauer erstmals die deutsche Meisterschaft mit dem FC Bayern. Dieser Titel war die zweite Meisterschaft in der Geschichte des FC Bayern München nach 1932. Im selben Jahr gewann er mit der Mannschaft auch den DFB-Pokal und damit das Double. Dies war zuvor nur dem FC Schalke 04 1937 gelungen.

In dieser Zeit wechselte Beckenbauer von der Position des Mittelfeldspielers auf den Liberoposten, wobei er diese Position sehr offensiv ausübte und sich oft in das Angriffsspiel seines Teams mit einbrachte. Insbesondere die Doppelpässe mit Gerd Müller sorgten immer wieder für Verwirrung in der gegnerischen Abwehr. Zudem öffnete er durch lange Pässe das Spiel, wobei er das Außenristspiel perfektionierte.

Von 1972 bis 1974 gelangen dem FC Bayern mit Beckenbauer drei Meistertitel in Folge. 1974 war Beckenbauers erfolgreichstes Jahr. Zunächst konnte am 33. Bundesliga-Spieltag der Meistertitel gesichert werden, dann gewann er mit dem FC Bayern den Europapokal der Landesmeister. Zudem wurde er mit der Nationalmannschaft Weltmeister im eigenen Land.

1975 und 1976 verteidigte er mit den Bayern den Europapokal der Landesmeister und gewann 1976 den Weltpokal.

Klaus „Tanne" Fichtel (* 19. November 1944 in Castrop-Rauxel) ist ein ehemaliger deutscher Fußballspieler, der in den Jahren 1967 bis 1971 für die deutsche Fußballnationalmannschaft 23 Länderspiele bestritten und dabei ein Tor erzielt hat. Mit 43 Jahren, sechs Monaten und zwei Tagen zum Zeitpunkt seines letzten Einsatzes am 21. Mai 1988 ist er seitdem der Spieler in der Bundesliga, der den Altersrekord für aktive Spieler hält. Er war knapp vier Jahre lang Rekordbundesligaspieler, ehe er 1989 von Manfred Kaltz übertroffen wurde.

Erstmals in eine DFB-Mannschaft berufen wurde das Abwehrtalent von Schalke am 12. Oktober 1966 in Saarbrücken beim Juniorenländerspiel gegen die Türkei. Die deutschen Junioren gewannen mit der Läuferreihe Rudi Assauer, Fichtel und Jürgen Friedrich das Spiel mit 3:0 Toren. Bundestrainer Helmut Schön testete beim A-Länderspiel am 22. Februar 1967 im Karlsruher Wildparkstadion gegen Marokko mit Jupp Heynckes, Hannes Löhr, Horst Wolter, Klaus Zaczyk und Fichtel gleich fünf Debütanten. Mit der Läuferreihe Franz Beckenbauer, Willi Schulz und Fichtel wurde das Spiel mit 5:1 Toren gewonnen. Die dritte Berufung in die deutsche Länderelf erfolgte am 3. Mai 1967 in Belgrad beim EM-Qualifikationsspiel gegen Jugoslawien. Bei der 0:1-Niederlage debütierte in der Verteidigung Berti Vogts. Im Juni 1968 bildeten Ludwig Müller, Fichtel und Wolfgang Weber bei den zwei historischen Erfolgen gegen England und Brasilien die leistungsstarke Läuferreihe der

Nationalmannschaft. Am 1. Juni gab es einen 1:0-Erfolg in Hannover gegen England und am 16. Juni in Stuttgart gegen Brasilien einen 2:1-Sieg. Der bewegliche, kopfball- und zweikampfstarke Schalker war daneben noch mit einer soliden Technik und einem guten Antritt ausgestattet, sodass seine Übersicht in der Abwehrorganisation voll zum Tragen kommen konnte. Zwei Tage nach dem ersten Sieg in der Länderspielgeschichte gegen England, am 1. Juni 1968, stand Fichtel zusätzlich in Kassel am 3. Juni den Junioren der Engländer als deutscher Abwehrchef gegenüber. Im Auestadion setzten sich aber die Briten mit 1:0 durch. Es war sein dritter Einsatz in der Juniorennationalmannschaft. Beim entscheidenden WM-Qualifikationsspiel am 22. Oktober 1969 in Hamburg gegen Schottland erzielte „Tanne" in der 38. Spielminute den 1:1-Ausgleichstreffer und Vereinskollege Reinhard Libuda gelang in der 79. Spielminute nach einem Alleingang der Siegtreffer zum 3:2-Erfolg der deutschen Mannschaft. Vor 72.000 Zuschauern zeigten die Schotten mit Billy Bremner, Tommy Gemmell, Alan Gilzean und Jimmy Johnstone eine ausgezeichnete Leistung und verlangten der Mannschaft von Bundestrainer Helmut Schön alles ab. Es war der zwölfte Länderspieleinsatz von Fichtel. Bei der Fußballweltmeisterschaft 1970 in Mexiko bestritt Fichtel die fünf Spiele gegen Marokko, Bulgarien, Peru, England und das siegreiche Spiel um den dritten Platz gegen Uruguay. Von der Dramatik war dabei der 3:2-Erfolg nach Verlängerung gegen Titelverteidiger England am 14. Juni in Leon herausragend. In der Qualifikation zur Fußball-Europameisterschaft 1972 kam er am 17. Oktober 1970 in Köln gegen die Türkei und den zwei Begegnungen gegen Polen im Oktober und November 1971 zum Einsatz. Durch die Verstrickung von Schalke 04 in den „Bundesliga-Skandal" war das 23. Länderspiel am 17. November 1971 in Hamburg gegen Polen die letzte Berufung von Klaus Fichtel in die Fußballnationalmannschaft. Durch den DFB-Bann gehörte er nicht mehr den siegreichen Mannschaften der Europameisterschaft 1972 und der Weltmeisterschaft 1974 an.

Klaus Fichtel war passionierter Taubenzüchter und Anhänger des Trabrennsports. Nach seiner aktiven Zeit war er zunächst als Jugend- und Amateurtrainer tätig, später gab er den Trainerjob auf und arbeitete für seinen Verein als Scout. Er lebt mit seiner Familie in Waltrop.

Sigfried Held (* 7. August 1942 in Freudenthal), auch Sigi oder Siggi Held genannt, ist ein ehemaliger deutscher Fußballspieler und -trainer. Von 1965 bis 1981 hat der Offensivspieler bei den Vereinen Kickers Offenbach, Borussia Dortmund, Preußen Münster und Bayer 05 Uerdingen insgesamt 422 Spiele in der Fußball-Bundesliga absolviert und dabei 72 Treffer erzielt. In diesen 18 Runden Aktivität in der 1. und 2. Liga des deutschen Spitzenfußballs kamen noch 49 Einsätze (4 Tore) in der 2. Bundesliga, 99 Regionalligaspiele (31 Tore), 47 Spiele um den DFB-Pokal (8 Tore) und elf Einsätze im Europapokal der Pokalsieger (4 Tore) hinzu. Im Vereinsdress war der Gewinn des Europapokals 1966 der größte Erfolg des laufstarken Dribblers und Flankengebers am linken Flügel.

Mit der Fußballnationalmannschaft hat Held 1966 und 1970 zwei erfolgreiche Weltmeisterschaftsturniere bestritten und von 1966 bis 1973 im Team von Bundestrainer Helmut Schön 41 Länderspiele mit fünf Toren absolviert. Als Trainer hat er mit dem FC Schalke 04 und Dynamo Dresden in der Bundesliga gearbeitet, mit FC Admira Wacker Mödling in der österreichischen Bundesliga und er war zudem noch Nationaltrainer in Island, Malta und Thailand.

Als Nationalspieler absolvierte Held von 1966 bis 1973 41 Spiele und traf dabei fünfmal für Deutschland. Sein Debüt gab er am 23. Februar 1966 in London bei der

0:1-Niederlage gegen England. Er bildete dabei mit Werner Krämer, Franz Beckenbauer, Günter Netzer und Heinz Hornig den Angriff der Mannschaft von Bundestrainer Helmut Schön. Bei der WM 1966 wurde er Vizeweltmeister, 1970 Dritter. Mit der gesamten Nationalmannschaft wurde er als Vizeweltmeister 1966 mit dem Silbernen Lorbeerblatt ausgezeichnet. Bei der Weltmeisterschaft in England hatte der Dortmunder alle sechs Spiele mit der deutschen Nationalmannschaft bestritten; im Turnier 1970 in Mexico kam er auf drei Einsätze, da dem Bundestrainer mit Reinhard Libuda, Jürgen Grabowski, Johannes Löhr und Held vier starke Flügelstürmer zur Verfügung gestanden hatten. Darunter war auch die als „Jahrhundertspiel" in die Geschichte eingegangene Partie gegen Italien. Bei dem 3:1-Sieg am 29. April 1972 in England, dem Viertelfinale zur Europameisterschaft 1972, stand Held als Spieler aus der zweitklassigen Regionalliga Süd in der „Wembley-Elf". Bei den EM-Finalspielen in Belgien stand er nicht im Team; in der Zeit vom 22. Mai bis 25. Juni 1972 wurde in Deutschland die Bundesliga-Aufstiegsrunde ausgetragen, während zeitgleich (am 14. und 18. Juni) die Finalspiele in Belgien stattfanden. In Absprache mit Bundestrainer Helmut Schön spielte Held für seinen Verein Kickers Offenbach und schaffte die Rückkehr mit dem OFC in die Bundesliga. An seiner Stelle stürmte Erwin Kremers vom FC Schalke 04 am linken Flügel des DFB-Teams.

In der Hinrunde der WM-Saison 1973/74 stürmte Held am 14. November 1973 in Glasgow, bei einem 1:1 gegen Schottland, zum letzten Mal in der Nationalmannschaft. Er vertrat als Mittelstürmer den verletzten Gerd Müller. Anfang Mai 1974 stand er noch im 40er-Aufgebot, welches der FIFA gemeldet wurde, zu dem ab 29. Mai beginnenden WM-Abschlusslehrgang in Malente wurde er aber nicht mehr eingeladen und nahm somit auch nicht an seinem dritten Weltmeisterschaftsturnier 1974 in Deutschland teil. Der Bundestrainer setzte jetzt auf Jupp Heynckes, Bernd Hölzenbein und Dieter Herzog.

2006 war er offizieller WM-Botschafter der FIFA-WM-Stadt Dortmund. Am 1. Januar 2007 wurde er Fanbeauftragter bei Borussia Dortmund.

Am 5. Februar 1966 schoss Siggi Held als erster Gast überhaupt auf die Torwand im ZDF-Sportstudio.

Werke
Siggi Held, Horst Wörner: Rund um den Ball. Gerhard Hess Verlag, Bad Schussenried 2013

ISBN 978-3-87336-421-9.

Horst-Dieter Höttges (* 10. September 1943 in München Gladbach, heute Mönchengladbach) ist ein ehemaliger deutscher Fußballspieler.

Höttges debütierte am 27. November 1963 in der U-23-Nationalmannschaft, die in Liverpool mit 1:4 gegen die Auswahlmannschaft Englands verlor. Danach spielte er noch zweimal in dieser Auswahlmannschaft, am 4. März 1964 in Ankara bei der 1:2-Niederlage gegen die Auswahl der Türkei und am 29. April 1964 in Karlsbad beim 1:0-Sieg gegen die Auswahl der Tschechoslowakei. Mit einem Zeitunterschied von neun Jahren bestritt er auch zwei Länderspiele für die B-Nationalmannschaft. Sein Debüt für diese gab er am 1. September 1965 in Köln beim 3:0-Sieg gegen die Auswahl der Sowjetunion, seinen letzten Einsatz hatte er am 22. Juni 1974 in Hamburg bei der 0:1-Niederlage gegen die Auswahl der DDR.

In der A-Nationalmannschaft kam er als schneller, zweikampfstarker und einsatzfreudiger, allerdings technisch limitierter Außenverteidiger auf 66 Einsätze zwischen 1965 und 1974 und schoss dabei einen Treffer (beim 12:0 gegen Zypern am 21. Mai 1969).

Höttges nahm an drei Weltmeisterschaften teil und wurde mit der Nationalmannschaft bei der WM 1966 in England Vize-Weltmeister, bei der WM 1970 in Mexiko Dritter, bei der WM 1974 in der Bundesrepublik Deutschland Weltmeister und 1972 Europameister.

Im Jahr 1978 beendete Horst-Dieter Höttges, der als Aktiver den Spitznamen „Eisenfuß" hatte, seine Karriere als Bundesligaspieler. Nach einem Jahr als Amateur in Oberbecksen kehrte er nochmal zu den Grünweißen zurück: In der Saison 1979/80 spielte er für die Werder Bremen Amateure in der damaligen Amateuroberliga Nord. Der Versuch, ihn als Libero für die abwehrschwache Bundesligamannschaft zu reaktivieren, ließ sich aus formalen Gründen jedoch nicht durchführen. Tatsächlich stieg die Profimannschaft in jener zweiten Saison nach Höttges für ein Jahr aus der Bundesliga ab. In seinem offiziellen Abschiedsspiel standen sich im Dezember 1979 vor 15.000 Zuschauern der SV Werder und eine Bundesligaauswahl (2:3) gegenüber. Die Auswahl wurde von Helmut Schön betreut und hatte mit Kevin Keegan, Paul Breitner, Jürgen Grabowski, Bernd Hölzenbein, Berti Vogts und Sigfried Held langjährige Wegbegleiter von Höttges in ihren Reihen. Unter der Schiedsrichterleitung von Walter Eschweiler verwandelte der „Eisenfuß" einen Foulelfmeter in der 37. Spielminute.

Höttges spielte noch mehrere Jahre in der Uwe-Seeler-Traditionself. Er ist nach wie vor eng mit dem SV Werder Bremen verbunden und häufig Gast bei den Heimspielen im Weserstadion. Er war Betreuer der U15-Mannschaft des SV Werder.

Höttges spielte noch mehrere Jahre in der Uwe-Seeler-Traditionself. Er ist nach wie vor eng mit dem SV Werder Bremen verbunden und häufig Gast bei den Heimspielen im Weserstadion. Er war Betreuer der U15-Mannschaft des SV Werder.

<u>Titel und Erfolge</u>

Weltmeister 1974

Vize-Weltmeister 1966

Europameister 1972

Deutscher Meister 1965

Silbernes Lorbeerblatt

Josef Dieter „Sepp" Maier (* 28. Februar 1944 in Metten, Niederbayern) ist ein ehemaliger deutscher Fußballtorhüter und Torwarttrainer. Er ist mit 661 Pflichtspielen vor Oliver Kahn Rekordspieler des FC Bayern München, für den er 17 Jahre lang spielte. In seiner aktiven Zeit zählte er zu den besten Torhütern der Welt und trug den Spitznamen „Die Katze von Anzing". Er gewann alle wichtigen nationalen und internationalen Titel: Er war Weltmeister, Europameister und Deutscher Meister, außerdem gewann er den Europapokal der Pokalsieger und den der Landesmeister, den Weltpokal sowie den DFB-Pokal.

Nachdem er bereits 1961 im Tor der DFB-Jugendauswahl unter dem Trainer Helmut Schön gestanden hatte, bestritt er 1966 sein erstes Spiel in der Nationalmannschaft. Maier debütierte am 4. Mai beim 4:0-Sieg gegen Irland in Dublin. Außerdem gehörte er zum Aufgebot für die WM-Endrunde 1966 in England, kam dort jedoch als Ersatzmann von Hans Tilkowski nicht zum Einsatz. 1969 setzte er sich als Nr. 1 im deutschen Tor durch. Bei der anschließenden WM in Mexiko 1970 schied er mit der deutschen Nationalmannschaft erst im Halbfinale aus. Die Niederlage im Jahrhundertspiel gegen Italien bezeichnete er als seine größte Niederlage. Bei der EM 1972 in Belgien gewann er seinen ersten Titel mit der deutschen Nationalmannschaft.

Sein größter Erfolg gelang bei der WM 1974 im eigenen Land. Bereits bei der Wasserschlacht von Frankfurt machte er sein bestes Länderspiel. Gegen die starken Polen parierte er mehrmals glänzend und sicherte dadurch den Finaleinzug. Diese Leistung bestätigte er im Finale. Vor allem in der zweiten Halbzeit drehten die Niederländer auf. „Maier! Immer wieder Maier", schrie der TV-Kommentator Rudi Michel, nachdem Maier mehrmals Weltklasse pariert hatte. Am Ende wurde Sepp Maier mit der deutschen Nationalmannschaft Weltmeister – sein größter Triumph.

Bei der EM 1976 gelang Maier mit der deutschen Nationalmannschaft der Finaleinzug. Dieses verlor die deutsche Nationalmannschaft aber nach Elfmeterschießen, dabei parierte er keinen Elfmeter. Bei der WM 1978 schied Maier mit der deutschen Nationalmannschaft nach einer 2:3-Niederlage gegen Österreich in der zweiten Runde aus.

In seinen sechs letzten Länderspielen 1978/79 war er Spielführer der Nationalmannschaft. Sein letztes Länderspiel bestritt er am 26. Mai 1979 in Reykjavík beim 3:1-Sieg gegen Island, bei dem er zur zweiten Halbzeit beim Stand von 2:0 für Toni Schumacher (1. Länderspiel) ausgewechselt wurde. Mit 95 absolvierten Länderspielen war Maier bis zum 17. November 2020 deutscher Rekord-Nationaltorhüter.

Als Torwart der deutschen Fußballnationalmannschaft, die 1974 die Weltmeisterschaft gewann, wurde er im selben Jahr gemeinsam mit seinen Teamkameraden mit dem Silbernen Lorbeerblatt ausgezeichnet. 1978 erhielt er das Bundesverdienstkreuz. Die Auszeichnung zum Kicker-Torhüter des Jahres erhielt er 1976, 1977 und 1978. In der Rangliste des deutschen Fußballs wurde er zwischen 1966 und 1979 insgesamt sechsmal als Weltklasse und 21-mal in der Kategorie Internationale Klasse eingestuft.

Er wurde 2014 in die Hall of Fame des deutschen Sports aufgenommen und 2018 in die erste Elf der Hall of Fame des deutschen Fußballs des Deutschen Fußballmuseums aufgenommen. 2018 wurde in den Stachus-Passagen der Sky of Fame eröffnet, bei dem Münchner Persönlichkeiten mit einem Deckenbild geehrt werden. Eines der vier ersten Deckenbilder zeigt Sepp Maier.

Gerhard „Gerd" Müller (* 3. November 1945 in Nördlingen; † 15. August 2021 in Wolfratshausen) war ein deutscher Fußballspieler.

Mit 365 Toren in 427 Partien ist der als „Bomber der Nation" bezeichnete Müller Rekordtorschütze der Fußball-Bundesliga und gilt aufgrund seiner außergewöhnlichen Körperbeherrschung und Fähigkeit zur Antizipation als einer der besten Stürmer aller Zeiten. 1970 wurde er mit dem Ballon d'Or als „Europas Fußballer des Jahres" ausgezeichnet.

Als Spieler des FC Bayern München (1964 bis 1979) gewann Müller vier deutsche Meisterschaften, viermal den DFB-Pokal, dreimal den Europapokal der Landesmeister, einmal den Europapokal der Pokalsieger sowie einmal den Weltpokal. Mit der deutschen Nationalmannschaft wurde er 1972 Europa- und 1974 Weltmeister. Im Verlauf seiner Karriere wurde Müller bei 18 unterschiedlichen Wettbewerben Torschützenkönig (u. a. siebenmal in der deutschen Bundesliga).

Nach dem Karriereende war er von 1992 bis 2014 als Co-Trainer im Trainerstab der zweiten Mannschaft des FC Bayern tätig.

Seine Karriere in der A-Nationalmannschaft begann am 12. Oktober 1966 in Ankara gegen die Türkei. In seinem zweiten A-Länderspiel am 8. April 1967 in Dortmund gegen Albanien erzielte er die ersten 4 seiner 68 Tore in der Nationalelf. In der Partie, die später als die Schmach von Tirana in die deutsche Fußballgeschichte einging, wurde er von Helmut Schön nicht in den Kader berufen.

Der erste Höhepunkt seiner Länderspielkarriere war die Teilnahme an der Weltmeisterschaft 1970 in Mexiko. Bereits in der Vorrunde schoss er sieben Tore. Im Viertelfinale gelang ihm das Siegtor zum 3:2 gegen England. Im anschließenden „Jahrhundertspiel", dem Halbfinale gegen Italien, erzielte er zwei Tore in der Verlängerung (Endstand 3:4). Als Müller sich bei einem scheinbar schon geklärten Eckball zwischen einen italienischen Verteidiger und den Torwart drängte und den Ball ins Tor spitzelte, kommentierte dies Fernsehreporter Ernst Huberty mit den Worten: „Wenn Sie jemals ein echtes Müller-Tor gesehen haben, dann jetzt." Müller wurde bei diesem Turnier mit zehn Treffern Torschützenkönig und im selben Jahr als erster Deutscher mit dem Ballon d'Or als „Europas Fußballer des Jahres" ausgezeichnet.

1972 wurde er mit der DFB-Auswahl Europameister. Bei diesem Turnier wurde er mit vier Treffern erneut Torschützenkönig.

Wolfgang Overath und Gerd Müller (rechts) nach dem Sieg 1974

Die Länderspielkarriere endete am 7. Juli 1974 mit dem Gewinn der Weltmeisterschaft in seinem Heimatstadion in München, wo er im Finale gegen die Niederlande in der 43. Minute das Siegtor zum 2:1 erzielte.

Nach der WM 1974 erklärte Müller nach 62 Länderspielen im Alter von nur 28 Jahren seinen Rücktritt aus der Nationalmannschaft. Einige Quellen bringen seinen Rücktritt in Zusammenhang mit seinen Äußerungen über seine Verärgerung über den DFB. Der DFB hätte nach Ansicht Müllers den Spielerfrauen in den Stadien schlechte Plätze zugewiesen und sie nicht zum Festbankett nach dem gewonnenen WM-Titel eingeladen. Außerdem habe der DFB zu niedrige Prämien („lachhaft") für einen WM-Erfolg ausgelobt. Müller besteht aber darauf, dass sein Entschluss zum Rücktritt bereits ein Vierteljahr vor der WM gefallen sei und er diese Entscheidung drei Tage vor dem WM-Finale Trainer Helmut Schön mitgeteilt habe und private Gründe für seine Entscheidung maßgeblich gewesen seien. Er habe mehr Zeit mit seiner Frau und seiner damals dreijährigen Tochter Nicole verbringen wollen. Schön habe ihn gebeten, mit der Bekanntgabe bis nach dem Endspiel zu warten. Viele Jahre später erklärte er in einem Interview, dass er fast nie daheim war. Wenn er heimkam, fragte seine kleine Tochter: „Ist der Onkel heute wieder da?"

Mitte April 1976 gab es, nachdem Müller gerade drei wichtige Treffer für den FC Bayern (im Europacup 2:0 gegen Real Madrid und in der Meisterschaft 1:0 gegen den HSV) erzielt hatte, Diskussionen um seine Rückkehr in das Nationalteam, doch er lehnte ab.

Spielweise

Müllers Beiname „Bomber der Nation" entsprach kaum seiner Spielweise. Vielmehr war er ein klassischer Strafraumstürmer, der nicht von einem kraftvollen Schuss, sondern von seiner unberechenbaren Raffinesse lebte. Sein Markenzeichen war die schnelle Drehung auf engstem Raum, die ihm seine relativ kurzen Beine (78 cm) und der damit verbundene „niedrige Körperschwerpunkt" ermöglichten. Hatte er sich den nötigen Freiraum verschafft, folgte der überraschende Torabschluss selbst aus ungünstigsten Positionen heraus. Bot sich Müller eine Gelegenheit, überlegte er nicht lange und suchte den direkten Weg zum Torabschluss. Typisch waren sein gutes Gespür für Spielsituationen, seine Reaktionsschnelligkeit sowie sein Vermögen, selbst aus scheinbar unmöglichen Positionen und Lagen Tore zu schießen: aus der Drehung, mit dem Rücken zum Tor, im Laufen, im Liegen, Stehen und Fallen, mit dem Fuß, mit dem Kopf, dem Knie und manchmal sogar mit dem Gesäß. Diese unnachahmliche Art, Tore zu erzielen, nannten die Journalisten „Müllern". Beispielhaft ist sein nach eigener Aussage „wichtigstes Tor", das Siegtor im WM-Finale 1974 von München.

Aufgrund dieser unberechenbaren Spielweise stellte Müller die gegnerischen Abwehrspieler vor ein nahezu unlösbares Problem. Gegen seine Drehungen, seine Reaktionsfähigkeit und seine Intuition halfen weder Mann- noch Raumdeckung.

Gerd Müller wurde 1970 mit 38 Toren und 1972 mit 40 Toren jeweils zum besten Torschützen aller europäischen Ligen gekürt und erhielt dafür den Soulier d'Or, den Goldenen Schuh. Im Gegensatz zur Phase von 1996/97 bis heute, in der die Torschützenkönige aus stärkeren Ligen durch Multiplikation mit dem Faktor 2 oder 1,5 bevorzugt werden, schoss Müller damals tatsächlich die meisten Tore aller Spieler in Europa. Außerdem wurde er viermal Torschützenkönig des Europapokals der Landesmeister, was bis zur Einführung der Champions League einen Rekord darstellte.

Wolfgang Overath (* 29. September 1943 in Siegburg) ist ein ehemaliger deutscher Fußballspieler. Er war von Juni 2004 bis November 2011 Präsident des 1. FC Köln. Sein größter Erfolg in seiner aktiven Zeit war der Weltmeistertitel 1974.

Einen Monat nach dem Bundesligastart, am 28. September 1963, debütierte der lauffreudige Techniker unter Bundestrainer Sepp Herberger auch in der Fußballnationalmannschaft. Neben den weiteren Debütanten Reinhard Libuda und Werner Krämer wurde der Kölner in der 69. Spielminute für Friedhelm Konietzka auf Halblinks eingewechselt.

Zwischen 1963 und 1974 hatte Overath 81 Einsätze in der Nationalmannschaft, für die er 17 Tore erzielte. Er nahm an drei Fußball-Weltmeisterschaften teil: 1966 in England wurde der Mittelfeldregisseur mit der deutschen Elf Vizeweltmeister (2:4 n. V. gegen England) und 1970 in Mexiko Dritter hinter Brasilien und Italien. Er erzielte im Spiel um Platz drei den Treffer beim 1:0 gegen Uruguay. Sein größter Erfolg war der Gewinn des Weltmeistertitels 1974 in der Bundesrepublik Deutschland, bei der Overath in allen Spielen der bundesdeutschen Nationalmannschaft von Beginn an spielte und zwei Tore erzielte.

Bernd Patzke (* 14. März 1943 in Berlin) ist ein ehemaliger deutscher Fußballspieler.

Seine ersten Fußballerfolge feierte der deutsche Jugend- und Amateurauswahlspieler in seiner Heimatstadt mit Minerva 93 Berlin. 1962 wechselte Patzke als Profi nach Belgien zu Standard Lüttich. Nach dem Gewinn der belgischen Meisterschaft holte ihn Trainer Max Merkel 1964 zum TSV 1860 München. Er absolvierte als Abwehrspieler zwischen 1964 und 1972 in der Bundesliga 202 Spiele für 1860 München und Hertha BSC und erzielte dabei sechs Tore. Mit den „Sechzigern" wurde er 1966 Deutscher Meister.

Patzke kam zu 24 Einsätzen in der Nationalmannschaft. Er wurde bei der Fußball-Weltmeisterschaft 1966 in England mit der Mannschaft Vizeweltmeister und belegte bei der Fußball-Weltmeisterschaft 1970 in Mexiko mit dem Team den dritten Platz.

Am 30. Juli 1966 verlieh ihm der Bundespräsident das Silberne Lorbeerblatt.

Ab 1975 arbeitete er als Trainer unter anderem für den ESV Ingolstadt-Ringsee und den Süd-Zweitligisten FK Pirmasens. Im September 1983 kehrte Patzke als Trainer zum TSV 1860 zurück und erreichte die Meisterschaft in der Bayernliga. Die „Löwen" scheiterten jedoch in der Aufstiegsrunde zur 2. Liga. 1984 wurde er als Trainer während der laufenden Spielzeit wieder entlassen.

Karl-Heinz Schnellinger (* 31. März 1939 in Düren) ist ein ehemaliger deutscher Fußballspieler.

Der Abwehrspieler war einer der ersten deutschen Profis, die ins Ausland wechselten. In Italien gewann er mit dem AC Mailand alle bedeutenden internationalen Titel. Mit der deutschen Nationalmannschaft nahm er an vier Weltmeisterschaften (1958, 1962, 1966, 1970) teil und erreichte zweimal das Halbfinale sowie einmal das Finale.

Schnellinger bestritt sein erstes Länderspiel für eine DFB-Auswahl am 31. März 1957 in Oberhausen beim 4:1-Sieg der DFB-Jugendauswahl gegen die Auswahl Englands. Danach absolvierte er noch drei Länderspiele beim UEFA-Juniorenturnier in Spanien. Die Spiele gegen die Auswahl Ungarns am 14., Polens am 16. und Spaniens am 18. April 1957 endeten unentschieden (2:2, 2:2, 1:1). Für die Amateur-Nationalmannschaft kam er einzig am 12. Oktober 1957 in Ilford beim 3:2-Sieg gegen die Auswahl Englands zum Einsatz.[9]

Am 2. April 1958 (zwei Tage nach seinem 19. Geburtstag) gab der Verteidiger seinen Einstand in der A-Nationalmannschaft. „Schnellinger hat seine Prüfung glänzend bestanden. Bei ihm gibts kein Zögern, kein Zaudern. Kompromisslos zerstört er alle Angriffe", schrieb die Presse nach dem Spiel gegen die Tschechoslowakei (3:2).

Herberger nahm Schnellinger nach einer Saison in der II. Division West mit 21 Einsätzen und sechs Toren für die SG Düren 99 noch im selben Jahr mit zur Weltmeisterschaft nach Schweden, wo Schnellinger internationale Erfahrung sammeln sollte, und setzte ihn in zwei Spielen ein: in der Vorrunde gegen die Tschechoslowakei (2:2) und im eher unbedeutenden Spiel um den dritten Platz gegen Frankreich (3:6). Angetan hatte es dem Debütanten vor allem Fritz Walter, den er bewunderte und zu dem er aufschaute. Der „große Fritz" war für den Jungen aus Düren der Idealfußballer. Sein Entdecker war der damalige Herberger-Assistent Helmut Schön, der auf Schnellinger in der Mittelrheinauswahl aufmerksam wurde.

1962 fuhr Karl-Heinz Schnellinger unter anderen Voraussetzungen zur WM nach Chile. Als amtierender Deutscher Meister war er nun eine feste Größe in Herbergers System. Obwohl die deutsche Elf nicht über das Viertelfinale hinauskam, hinterließ er einen starken Eindruck. Deutschlands Journalisten wählten ihn daraufhin zum „Fußballer des Jahres" und er gehörte dem All-Star-Team der Weltmeisterschaft an.

Bei der WM 1966 in England standen neben Schnellinger mit Helmut Haller und Albert Brülls zwei weitere Italien-Legionäre im deutschen Kader, was der Mannschaft, die durch Jungstars wie Franz Beckenbauer, Wolfgang Overath und Lothar Emmerich komplettiert wurde, mehr Qualität brachte. Deutschland zählte zu den stärksten Mannschaften des Turniers, nicht zuletzt wegen ihrer Abwehr, die bis zum Finaleinzug nur zwei Gegentreffer kassieren musste. Doch das Endspiel im legendären Wembley-Stadion ging nach einer dramatischen Partie mit 2:4 n. V. an Gastgeber England.

Bei seiner vierten WM 1970 in Mexiko organisierte Schnellinger die deutsche Abwehr. Sein einziges Tor, das er in 47 Spielen für die Nationalelf erzielte, war der Ausgleichstreffer im Halbfinale gegen Italien. Am 17. Juni 1970 im WM-Halbfinalspiel Deutschland gegen Italien im Aztekenstadion von Mexiko-Stadt vor über 100.000 Zuschauern lag die Mannschaft Helmut Schöns seit der 8. Minute 0:1 zurück. Es lief bereits die 91. Minute. Jürgen Grabowski flankte von links. Karl-Heinz Schnellinger grätschte mit rechts: 1:1. Es folgte eine spektakuläre und bis heute berühmte Verlängerung. Italien siegte 4:3 n. V., und noch heute spricht man vom „Jahrhundertspiel". Deutschland wurde schließlich WM-Dritter (1:0-Sieg über Uruguay).

Am 17. Februar 1971 absolvierte Schnellinger beim 1:0 über Albanien sein letztes Länderspiel und beendete nach 13 Jahren und 47 Spielen, davon 17 bei Weltmeisterschaften, in der Nationalelf seine Karriere.

Willi Schulz (* 4. Oktober 1938 in Wattenscheid) ist ein ehemaliger deutscher Fußballspieler.

Bereits während seiner Zeit bei Union Günnigfeld wurde der damalige DFB-Trainer Dettmar Cramer auf das junge Talent aufmerksam. Nachdem Schulz zu je einem Einsatz in der Junioren- und in der B-Nationalmannschaft gekommen war, berief Bundestrainer Sepp Herberger den Amateurspieler erstmals zu einem A-Länderspiel; es war das Spiel gegen Jugoslawien am 20. Dezember 1959 in Hannover (1:1). Bis zur Weltmeisterschaft 1962 in Chile hatte Schulz bereits sieben von 15 Spielen der Nationalelf bestritten und wurde in das Weltmeisterschaftsaufgebot berufen. In Chile nahm er an allen vier Spielen der DFB-Auswahl teil. Auch bei den Weltmeisterschaften 1966 in England und 1970 in Mexiko gehörte er zum Aufgebot und kam so auf insgesamt dreizehn WM-Einsätze. Der Höhepunkt seiner Länderspielkarriere war das WM-Finale am 30. Juli 1966 in London gegen England (2:4). In diesem Turnier zeigte er als Abwehrchef eine Weltklasseleistung, die ihm zur Ehrenbezeichnung „World-Cup-Willi" verhalf. Sein 66. und letztes Länderspiel bestritt Schulz am 17. Juni 1970 im legendären WM-Halbfinale gegen Italien (3:4). Am Spiel um Platz 3 nahm er nicht mehr teil, nicht weil er seine Fußballschuhe versehentlich vergessen hatte, sondern in Absprache mit Bundestrainer Helmut Schön. Während seiner Länderspielkarriere führte er die DFB-Elf zwanzigmal als Kapitän an.

Uwe Seeler (* 5. November 1936 in Hamburg, † 21. Juli 2022 in Norderstedt) ist ein ehemaliger deutscher Fußballspieler. Er galt in seiner aktiven Zeit als einer der besten Mittelstürmer der Welt. Seeler spielte seine gesamte Karriere beim Hamburger SV und gilt als einer der wichtigsten Spieler des Vereins. In der Saison 1963/64 war er der erste Torschützenkönig der Bundesliga. Als Kapitän der deutschen Nationalmannschaft wurde er 1966 Vizeweltmeister und erreichte bei der Weltmeisterschaft 1970 den dritten Platz.

Wegen seiner Verdienste um den deutschen Fußball ernannte ihn der DFB 1972 als zweiten Spieler überhaupt zum Ehrenspielführer der Nationalelf. Seit 2003 ist Seeler Ehrenbürger seiner Heimatstadt.

Seeler gehörte zur Premieren-Mannschaft der A-Junioren-Auswahl U18, die am 31. März 1953 in Lüttich – anlässlich des von der FIFA erstmals ausgetragenen Turniers dieser Altersklasse – mit 3:2 über Argentinien siegte; neben Seeler trafen ferner Stürmer und Matheus. Seeler spielte zehnmal in dieser Auswahl und erzielte 15 Tore, darunter 4 Tore am 11. April 1954 in Wuppertal beim 6:1-Erfolg über das Saarland. Auf die Qualitäten des Jungstürmers aufmerksam geworden, berief ihn Bundestrainer Sepp Herberger am 16. Oktober 1954 in die A-Nationalmannschaft, in der Seeler im Alter von nur 17 Jahren bei der 1:3-Niederlage gegen Frankreich sein Debüt gab. Den

Durchbruch zum internationalen Top-Star schaffte Seeler bei der WM 1958 in Schweden, wo er gemeinsam mit Helmut Rahn und Hans Schäfer den Sturm bildete. In den Gruppenspielen gegen Argentinien und Nordirland gelang ihm jeweils ein Treffer. Das Aus für Deutschland kam im Halbfinale gegen Schweden, wobei Seeler sich verletzte und im Spiel um Platz drei gegen Frankreich nicht teilnehmen konnte. „Es gibt zweifellos spielerisch weitaus bessere Spieler", räumte Herberger später ein, „aber keiner besitzt das Talent wie Uwe Seeler, auf engstem Raum gegen die stärkste Bewachung soviel Wirkung zu erzielen." In diesem Jahr kam er auch einmal für die U23-Nationalmannschaft zum Einsatz, als er mit dieser am 26. Februar in Wuppertal mit 4:1 gegen die Auswahlmannschaft Belgiens erfolgreich war.

1961 trug Seeler im Spiel gegen Dänemark zum ersten Mal die Kapitänsbinde. In diesem Spiel gelang dem nur 1,68 m großen Stürmer beim 5:1-Erfolg ein Hattrick mit drei Kopfballtoren. Wie beim HSV war er nun auch in der Nationalelf zum kämpferischen Vorbild und Führungsspieler aufgestiegen. Seeler war bei der WM 1962 in Chile die große Sturmhoffnung der deutschen Mannschaft. Deutschland wurde souverän Gruppensieger, wobei Seeler mit zwei Toren dazu beitrug. Doch im Viertelfinale folgte die Enttäuschung, als Deutschland nach einer 0:1-Niederlage gegen Jugoslawien ausschied und die Heimreise antreten konnte. Nach der Weltmeisterschaft trat Mannschaftskapitän Hans Schäfer aus der Nationalelf zurück und fortan war Seeler als bisheriger Stellvertreter neuer Kapitän.

Nach seiner schweren Achillessehnen-Verletzung 1965 wurde Seeler rechtzeitig wieder fit und der Kapitän schoss seine Mannschaft mit dem Tor zum 2:1-Sieg über Schweden zur WM-Endrunde 1966 nach England. Bei der WM zeigte die deutsche Mannschaft starke Leistungen, was auch an den neuen Nationalspielern Franz Beckenbauer, Wolfgang Overath und Sigfried Held lag. Deutschland wurde Gruppensieger, und Seeler steuerte den entscheidenden Treffer zum 2:1-Sieg über Spanien bei. Im Viertelfinale wurde Uruguay mit 4:0 vom Platz gefegt (ein Seeler-Tor zum zwischenzeitlichen 3:0). Im Halbfinale wurde die Sowjetunion mit 2:1 niedergerungen, und Seeler stand mit seiner Mannschaft im WM-Finale gegen Gastgeber England. Im legendären Endspiel im Wembley-Stadion unterlag Deutschland mit 2:4 n. V. und wurde Vize-Weltmeister. Berühmt geworden ist das Bild des deutschen Kapitäns, der nach dem Schlusspfiff mit gesenktem Kopf vom Platz schleicht. Oft wurde geschrieben, dass dieses Foto nach der ersten Halbzeit beim Gang in die Kabine aufgenommen wurde, da dies Seeler auch lange Zeit selbst behauptete. Als Begründung wurde auf die Musikkapelle auf dem Spielfeld hingewiesen, diese war jedoch auch nach dem

Schlusspfiff auf dem Platz, wie auch in der Fernsehaufzeichnung zu erkennen ist. Uwe Seeler selbst stellte inzwischen auch in seiner Autobiografie Danke, Fußball! fest, dass das Foto nach Spielende entstand. Seeler wurde trotz der finalen Niederlage als einer der besten Spieler des gesamten Turniers bezeichnet.

1968 erklärte Seeler seinen Rücktritt aus der Nationalmannschaft, gab aber dem Drängen von Trainer Helmut Schön nach und kehrte in die Elf zurück, der Bundestrainer wollte der Mannschaft durch Seelers Einsatz mehr internationale Erfahrung zufügen. Beim WM-Turnier 1970 in Mexiko spielte der bereits 33-Jährige als zurückhängende Spitze hinter Gerd Müller. Der Einsatz des wieder ernannten Kapitäns sollte sich auszahlen; in der Gruppenphase gelangen ihm Treffer gegen Marokko und Bulgarien. Die gesamte Mannschaft profitierte von seiner Erfahrung. Im Viertelfinale gegen Titelverteidiger England erzielte er wohl das kurioseste Tor seiner Länderspielkarriere, als er den Ball kurz vor Schluss zum 2:2-Ausgleich (Endstand 3:2 n. V. für Deutschland) mit dem Hinterkopf ins Tor lenkte. Im Halbfinale schied die DFB-Auswahl in einer dramatischen Partie („Jahrhundertspiel") mit 3:4 n. V. gegen Italien aus und belegte nach einem 1:0 gegen Uruguay den dritten Platz. Trotz seines Alters zählte er als eine der „Entdeckungen" der WM und lieferte wie 1966 ein herausragendes Turnier ab. So ging beispielsweise beiden Müller-Toren in der Verlängerung des Halbfinales bei der WM 1970 gegen Italien ein gewonnenes Kopfballduell von Seeler voraus.

Mit seinem letzten, dem 72. Länderspiel gegen Ungarn am 9. September 1970 überbot er den Rekord von Paul Janes, welcher seit 1942 Bestand hatte. Er hielt den Rekord bis zum 24. November 1973 und wurde dann von Franz Beckenbauer überboten. Er schoss 43 Tore, sein letztes war das 2:2 im Viertelfinale gegen England bei der WM 1970. Damit hat er die beste Torquote aller deutschen Spieler mit mehr als 70 Länderspielen (Gerd Müller bestritt nur 62 Länderspiele). Seeler nahm an den Weltmeisterschaften 1958, 1962, 1966 und 1970 teil und wurde dort bei insgesamt 21 Länderspielen eingesetzt. Es gelang ihm, sich bei allen 4 WM-Turnieren in die Torschützenliste einzutragen, eine Leistung, die außer ihm nur noch Pelé, Miroslav Klose und Cristiano Ronaldo gelang. Seeler gelang dies in der 56. Minute des Spiels gegen Marokko durch den 1:1-Ausgleich, Pelé in der 59. Minute im gleichzeitig stattfindenden Spiel Brasiliens gegen die Tschechoslowakei. Seeler war der erste Spieler mit mehr als 20 WM-Spielen. Sein Rekord wurde erst 1998 von Lothar Matthäus überboten.

Hans-Hubert „Berti" Vogts (* 30. Dezember 1946 in Büttgen, heute zu Kaarst; Spitzname Terrier) ist ein ehemaliger deutscher Fußballspieler und heutiger Fußballtrainer.

Berti Vogts spielte innerhalb von 14 Jahren 419-mal in der Fußball-Bundesliga für Borussia Mönchengladbach. Kein anderer Spieler war in der Bundesliga häufiger für diesen Verein aktiv. Als Mannschaftskapitän führte er die Borussia 1975 und 1979 jeweils zum UEFA-Pokal-Sieg und war beim Gewinn aller fünf Meisterschaften des Vereins Teil der Mannschaft; in der Nationalmannschaft kam er 96-mal zum Einsatz und wurde Europameister 1972 und Weltmeister 1974. Bei der Weltmeisterschaft 1978 war Vogts Mannschaftskapitän der deutschen Mannschaft.

Er trainierte die Nationalmannschaften von Deutschland, Kuwait, Schottland (er ist der einzige Nichtschotte, der jemals Trainer dieser Nationalmannschaft war), Nigeria und Aserbaidschan. Sein größter Erfolg als Trainer war der Gewinn der Europameisterschaft 1996.

In der deutschen Fußballnationalmannschaft spielte Vogts von 1967 bis 1978. Er absolvierte insgesamt 96 A-Länderspiele, in denen er ein Tor erzielte (beim 8:0 gegen Malta am 28. Februar 1976). Er kam in 85 % der ausgetragenen Länderspiele zum

Einsatz, lediglich Franz Beckenbauer erreichte von den Spielern mit mindestens 80 Einsätzen eine höhere Quote. Vogts stand dabei in 95 Spielen in der Startaufstellung und wurde lediglich dreimal ausgewechselt. Außerdem war er 20-mal Spielführer.

Als Höhepunkt seiner Länderspielkarriere gilt der Gewinn der Weltmeisterschaft 1974 in Deutschland. Bei der gewonnenen Europameisterschaft 1972 gehörte er zum Kader, kam aber verletzungsbedingt nicht zum Einsatz. 1976 erreichte die Nationalmannschaft das Endspiel um die Europameisterschaft, verlor jedoch im Elfmeterschießen. Seine Länderspielkarriere endete am 21. Juni 1978 mit dem mit 2:3 verlorenen WM-Zwischenrundenspiel gegen Österreich in Argentinien, bei dem er ein Eigentor schoss. Nach dem Turnier, in dem er die deutsche Mannschaft als Kapitän anführte, sagte Vogts in Bezug auf die herrschende Militärjunta: „Argentinien ist ein Land, in dem Ordnung herrscht. Ich habe keinen einzigen politischen Gefangenen gesehen.

Titel, Erfolge und Ehrungen

Weltmeister: 1974

Europameister: 1972

Vize-Europameister: 1976

UEFA-Pokalsieger: 1975, 1979

Deutscher Meister: 1970, 1971, 1975, 1976, 1977

Deutscher Pokalsieger: 1973

Fußballer des Jahres in Deutschland: 1971, 1979

Einstufung als Weltklasse in der Rangliste des deutschen Fußballs: 11-mal zwischen 1968 und 1976

Wolfgang Weber (* 26. Juni 1944 in Schlawe, Pommern) ist ein ehemaliger deutscher Fußballspieler. Er spielte meist auf der Position des Vorstoppers. Sein Spitzname lautete „Bulle".

Wolfgang Weber spielte als Abwehr- und Mittelfeldspieler in der Bundesliga von 1963 bis 1978 in 356 Spielen[2] für den 1. FC Köln und wurde 1964 und 1978 mit dem Verein Deutscher Meister. Außerdem gewann er mit Köln 1968, 1977 und 1978 den DFB-Pokal. Er kam in 49 Pokalspielen zum Einsatz, in denen er sieben Tore schoss. Weber nahm 1966 an der WM in England und 1970 an der WM in Mexiko teil. 1966 wurde er Vizeweltmeister und 1970 WM-Dritter. Er bestritt zwischen 1964 und 1974 53 Länderspiele und erzielte zwei Treffer. Eines seiner beiden Tore war dabei das 2:2 im WM-Endspiel 1966 gegen England in der letzten Minute der regulären Spielzeit, was die deutsche Nationalmannschaft in die Verlängerung rettete. Legendär war die Härte des Innenverteidigers gegen sich und seine Gegenspieler. Beim Viertelfinalspiel 1965 im Europapokal der Landesmeister gegen den englischen Meister FC Liverpool brach sich Weber das Wadenbein und spielte bis zum Ende weiter, da man noch nicht auswechseln durfte. Der Vergleich wurde erst durch den „Münzwurf von Rotterdam" zugunsten Liverpools entschieden.

Im Januar 1977 wurde bei Weber eine Herzmuskelentzündung diagnostiziert, weshalb ein mehrwöchiger Aufenthalt in der Kölner Universitätsklinik erforderlich war. Sein letzter Pflichtspieleinsatz für die Geißböcke war am 22. Januar 1977 bei dem 2:2 Remis gegen Rot-Weiss Essen. Seit dem 1. Februar 1977 war Weber als Assistenztrainer, Scout und Spielbeobachter für den 1. FC Köln tätig. Weber beendete seine Karriere offiziell 1978. Gemeinsam mit seinem Freund Hannes Löhr bestritt er am 25. Oktober 1978 in Köln sein Abschiedsspiel gegen die deutsche Fußballnationalmannschaft. Nach 32 Minuten gingen die zwei Ex-Nationalspieler beim Spielstand von 1:1 durch ein von den FC- und Nationalelfspielern gebildetes Spalier unter stürmischem Applaus vom Platz. Vor 25.000 Zuschauern hatten sie zuvor in der von Hennes Weisweiler betreuten FC-Elf auf ihren langjährigen Stammpositionen nochmals ihr Können aufblitzen lassen. Bernd Schuster und Holger Willmer wurden für die beiden verdienten Spieler eingewechselt. Gerd Zewe erzielte mit einem Treffer in der 43. Minute den 2:1-Endstand für die DFB-Auswahl.

Statistik

53 Länderspiele; 2 Tore für Deutschland

1 B-Länderspiel

1. Bundesliga; 356 Spiele, 21 Tore

DFB-Pokal; 50 Spiele; 7 Tore

Europapokal der Landesmeister, Europapokal der Pokalsieger, UEFA-Pokal; 63 Spiele; 4 Tore

Deutscher Meister: 1964, 1978

Vize-Meister: 1963, 1965, 1973

DFB-Pokalsieger: 1968, 1977, 1978

Finalist: 1970, 1971, 1973

Vize-Weltmeister: 1966

WM-Dritter: 1970

Horst „Luffe" Wolter (* 8. Juni 1942 in Berlin) ist ein ehemaliger deutscher Fußballspieler.

Wolter absolvierte zwischen 1967 und 1970 lediglich 13 Spiele für die deutsche Fußballnationalmannschaft, da er hinter Sepp Maier immer als Ersatztorwart gesetzt war. Er wurde mit dem Nationalteam Dritter bei der Fußball-Weltmeisterschaft 1970 in Mexiko. Das 1:0 im Spiel um Platz drei gegen Uruguay war sein letztes Länderspiel. Er ist somit der einzige deutsche Torhüter, der bei einer Weltmeisterschaft ohne Gegentor blieb.

Zusammen mit der Mannschaft, die den 3. Platz bei der Weltmeisterschaft 1970 errungen hatte, erhielt er das Silberne Lorbeerblatt.

Reinhard „Stan" Libuda (* 10. Oktober 1943 in Wendlinghausen; † 25. August 1996 in Gelsenkirchen) war ein deutscher Fußballspieler. Er verkörperte den klassischen Rechtsaußen im WM-System und auch in der nachfolgenden 4:3:3-Formation. Er war einer der bekanntesten und beliebtesten Fußballer seine Zeit. In den 1960er-Jahren wussten die meisten Deutschen, wer sich hinter dem Namen „Stan" verbarg. Libuda absolvierte für die Vereine FC Schalke 04 und Borussia Dortmund insgesamt 264 Bundesligaspiele und erzielte 28 Tore. In der Nationalmannschaft kam er in 26 Länderspielen zum Einsatz und erzielte drei Tore.

Sein Debüt in der Nationalmannschaft feierte Libuda mit 19 Jahren im September 1963 in Frankfurt beim Spiel gegen die Türkei unter Bundestrainer Sepp Herberger. Es folgten danach noch die Spiele gegen Schweden, Marokko, Algerien, Tschechoslowakei und am 13. Mai 1964 in Hannover gegen Schottland (2:2). Mit Beginn der Ära Helmut Schön und dem sportlichen Absturz von Schalke 04 fand dann aber keine kontinuierliche Berücksichtigung des Schalker Flügelstürmers in den nächsten drei Runden mehr statt. Lediglich am Rundenende 1964/65, dem Länderspiel am 6. Juni 1965 in Rio de Janeiro gegen Weltmeister Brasilien (0:2), kam Libuda zu seinem siebten Nationalmannschaftseinsatz, dem ersten unter Bundestrainer Schön. Dass er in den zwei sportlich sehr erfolgreichen Runden 1965/66 (Vizemeister und Europapokalsieger) und 1966/67 (3. Rang in der Bundesliga) mit Borussia

Dortmund völlig leer in der A-Nationalmannschaft ausging, ist nur schwer erklärbar. Es gab zwar bereits Jürgen Grabowski, aber der Frankfurter gehörte erst ab 1970 zum festen Inventar der Nationalmannschaft. Fahrt nahm die Nationalmannschaftskarriere von Libuda erst in der Rückrunde 1968/69 wieder auf, als er am 26. März 1969 in Frankfurt beim 1:1 gegen Wales zu seinem 10. Länderspiel auflief.

Seinen wichtigsten Treffer für Deutschland erzielte er am 22. Oktober 1969 im Hamburger Volksparkstadion in der Partie gegen Schottland. Er erlief einen langen Pass von Helmut Haller aus der eigenen Hälfte, setzte zu einem Sololauf über das halbe Feld an und schoss das 3:2 für die deutsche Mannschaft. Die Begegnung am 22. Oktober 1969 wurde „zu einem der erregendsten Fußballereignisse, die jemals auf deutschem Boden stattfanden" (Schön). Bis heute bleibt die Partie untrennbar mit dem Namen 'Stan' Libuda verbunden. Der Journalist Jo Viellvoye kürte Libuda anschließend zum „Mann des Jahres für den deutschen Fußball", der es mit seinem Auftritt im Volksparkstadion endlich verdient habe, „so genannt zu werden wie der große Stan Matthew". Dieser Treffer sicherte die Qualifikation zur WM 1970 in Mexiko. Dort machte er in der Vorrunde das „Spiel seines Lebens".

Beim 5:2-Sieg gegen Bulgarien erzielte er den zwischenzeitlichen Ausgleich, holte einen Elfmeter heraus und bereitete zwei weitere Treffer vor. In der Gemeinschaftsproduktion von Hennes Weisweiler, Sportinformationsdienst und der Bertelsmann Sportredaktion ist zur Leistung von Libuda im WM-Spiel gegen Bulgarien unter anderem festgehalten: „Der Schalker Dribbelkünstler und Ballartist Reinhard 'Stan' Libuda hatte eine Sternstunde. Mit seinen Sololäufen und genauen Pässen beflügelte er das Spiel der ganzen Mannschaft, schoss selbst das erste Tor und bereitete drei weitere vor. Seine Bewacher fanden kein Mittel, ihn zu stoppen.

Mehr als einmal zogen sie die Notbremse. Immer wieder war es Libuda, der für Verwirrung in der bulgarischen Abwehr sorgte. Nach dem Spiel gab Franz Beckenbauer ganz offen zu: 'Gewonnen hat uns dieses Spiel Stan Libuda. Eine fantastische Leistung.' Ähnlich urteilte auch Wolfgang Overath: 'Entscheidend war unsere bessere Taktik. Bei solcher Hitze muss man anders als gewöhnlich spielen. Solange der Ball in den eigenen Reihen ist, kann der Gegner kein Tor machen. Außerdem hat es sich heute gezeigt, dass es nicht ohne gute Außenstürmer geht.

Wir alle können uns bei Libuda bedanken. Er war heute der Beste von uns!" Insgesamt kam er bei dem Turnier auf fünf Einsätze, auch beim sogenannten Jahrhundertspiel gegen Italien (3:4 nach Verlängerung).

1970 erhielt er, nachdem die deutsche Nationalmannschaft in Mexiko den 3. Platz erreicht hatte, das Silberne Lorbeerblatt.

1971 absolvierte er sein letztes Länderspiel. Beim EM-Qualifikationsspiel am 17. November in Hamburg gegen Polen (0:0) stürmte er auf Rechtsaußen an der Seite von Gerd Müller und Jürgen Grabowski. Obwohl er mit Schalke Vizemeister in der Bundesliga geworden war, kam er in der EM-Endrunde im Juni 1972 in Belgien nicht zum Einsatz. Das Finale gewann Deutschland am 18. Juni mit 3:0 gegen die Sowjetunion und Kapitän Libuda führte Schalke 04 am 1. Juli zum 5:0-Pokaltriumph gegen den 1. FC Kaiserslautern.

Bei insgesamt 26 Länderspieleinsätzen erzielte er drei Tore.

Erfolge

Verein

Europapokal der Pokalsieger: 1966

DFB-Pokal: 1972

Deutscher Vizemeister: 1966, 1972

Nationalmannschaft

Weltmeisterschafts-Dritter: 1970

Jürgen „Grabi" Grabowski (* 7. Juli 1944 in Wiesbaden; † 10. März 2022 ebenda war ein deutscher Fußballspieler, der zwischen 1965 und 1980 für Eintracht Frankfurt in der Bundesliga spielte. Für die deutsche Fußballnationalmannschaft bestritt der Offensivspieler 44 A-Länderspiele und wurde 1972 Fußball-Europameister und 1974 Fußball-Weltmeister.

Für die deutsche Fußballnationalmannschaft bestritt Grabowski insgesamt 44 Länderspiele, erzielte dabei fünf Treffer und nahm an drei Fußball-Weltmeisterschaften und einer Europameisterschaft teil. Nach einem Auftritt in der Amateurnationalmannschaft 1965 absolvierte er mit 21 Jahren sein erstes Länderspiel am 4. Mai 1966 gegen Irland. Bei der Weltmeisterschaft 1966 in England wurde er mit der Nationalmannschaft Vize-Weltmeister, bestritt allerdings kein einziges Spiel (diese WM wurde noch ohne jegliche Auswechslungen durchgeführt). Nachdem er am 22. November 1967 sein einziges Länderspiel für die U-23-Nationalmannschaft beim 1:1-Unentschieden gegen die Auswahl Rumäniens in Saarbrücken bestritten hatte, kehrte er erst 1970 bei den WM-Vorbereitungsspielen in den Kader der Nationalmannschaft zurück. Er schaffte seinen Durchbruch als Nationalspieler bei der Weltmeisterschaft 1970 in Mexiko, bei der die deutsche Mannschaft Dritter wurde; hier erwarb er sich den Ruf als „bester Auswechselspieler der Welt". Er wurde in fast jedem Spiel eingewechselt, fand sich in der Regel sehr schnell in das Spiel und konnte ihm so entscheidende Impulse vermitteln. Beim fast verloren geglaubten Viertelfinalspiel gegen England war er wesentlich für den Umschwung auf die Siegerstraße verantwortlich. Beim sogenannten Jahrhundertspiel gegen Italien spielte er von Beginn an und war einer der Besten. Er schlug die Flanke, die „ausgerechnet Schnellinger" zu seinem berühmten Ausgleichstor in letzter Sekunde verwerten konnte. Danach gehörte er zu den Stammspielern des Nationalteams, spielte in allen Qualifikationsspielen für die nächste Europameisterschaft und war schließlich auch Bestandteil jener Mannschaft, die im Viertelfinalhinspiel am 29. April 1972 im Wembley-Stadion mit überragendem Fußball 3:1 gegen England gewann und oft als die beste deutsche Nationalmannschaft aller Zeiten bezeichnet wird. Für das Rückspiel fiel er jedoch verletzungsbedingt aus, wodurch er nach seiner Genesung zwar zum 18-köpfigen Kader für die Europameisterschaft 1972 in Belgien gehörte, jedoch wieder in die Rolle des Edel-Reservisten zurückfiel. Als solcher konnte er im Halbfinale gegen Belgien überzeugen. Auch wenn er dann im Finale nicht zum Einsatz kam, gewann er doch mit der Europameisterschaft 1972 (die damals lediglich ein Mini-Turnier bestehend aus Halbfinale und Finale war) seinen ersten internationalen Titel. Bei der Weltmeisterschaft 1974 in Deutschland wurde Grabowski Weltmeister. Nachdem er wegen schwacher Leistungen in der 1. Finalrunde vorübergehend in Ungnade gefallen war, wurde er in der zweiten Finalrunde im dramatischen Spiel gegen Schweden (4:2) in seiner „Mexiko-Rolle" als Auswechselspieler zum Matchwinner, schoss das Tor zum 3:2 und erkämpfte sich so seinen Stammplatz zurück. Im Quasi-Halbfinale gegen Polen und beim Finale gehörte er zu den besten deutschen Spielern. Das 2:1 im Finale gegen die Niederlande war sein letztes Länderspiel; es fand an seinem 30. Geburtstag statt.

Weltmeister: 1974

Vize-Weltmeister: 1966 (ohne Einsatz)

WM-Dritter: 1970

Europameister: 1972

Eintracht Frankfurt

International Football Cup: 1967

DFB-Pokal-Sieger: 1974, 1975

Uefa-Pokal-Sieger: 1980

Johannes „Hannes" Löhr (* 5. Juli 1942 in Eitorf; † 29. Februar 2016 in Köln war ein deutscher Fußballspieler und -trainer. Der Stürmer absolvierte von 1964 bis 1978 381 Bundesligaspiele für den 1. FC Köln und erzielte dabei 166 Tore. Der zwanzigfache Nationalspieler (fünf Tore) gewann mit dem 1. FC Köln 1978 die deutsche Meisterschaft und in den Jahren 1968, 1977 und 1978 den DFB-Pokal.

Er bestritt zwischen 1967 und 1970 20 Länderspiele, in denen er insgesamt fünf Tore erzielte. Bei seinem Länderspieldebüt am 22. Februar 1967 gegen Marokko kamen auch noch die Spieler Horst Wolter, Klaus Fichtel, Jupp Heynckes und Klaus Zaczyk zu ihrem ersten Einsatz in der Nationalmannschaft. In diesem Spiel, welches 5:1 gewonnen wurde, schoss Löhr sein erstes Tor für die DFB-Auswahl. Der Kölner Angreifer war in allen acht Länderspielen des Jahres 1967 unter Bundestrainer Helmut Schön aktiv; darunter auch die vier EM-Qualifikationsspiele gegen Albanien und Jugoslawien. Hatte die DFB-Elf das Hinspiel am 8. April in Dortmund gegen Albanien noch klar mit 6:0 gewonnen (Torschützen: 4 Tore Gerd Müller, 2 Tore Löhr), so brachte das unerwartete 0:0-Remis am 17. Dezember in Tirana das Aus für die Elf um Spielführer Willi Schulz. Trotz Mittelfeldgrößen wie Günter Netzer, Wolfgang Overath und Hans Küppers sowie der drei torgefährlichen Spitzen Sigfried Held, Peter Meyer und Löhr glückte kein Torerfolg.

Durch seine Lungenerkrankung kam er in den Jahren 1968 und 1969 lediglich im Frühjahr 1968 zu drei weiteren Einsätzen gegen Belgien (3:1), die Schweiz (0:0) und England (1:0). 15 Länderspiele dauerte seine Pause, vom 1. Juni 1968 bis 9. Mai 1970. Während des WM-Lehrganges vom 4. bis 14. Mai 1970 in Malente kam er am 9. Mai in Berlin beim Vorbereitungsländerspiel gegen Irland (2:1) zu seiner 12. Länderspielberufung. Er stürmte auf Linksaußen und erzielte ein Tor. Nach dem zweiten Vorbereitungsländerspiel am 13. Mai in Hannover gegen Jugoslawien (1:0) gehörte er dem endgültigen Kader für die Fußball-Weltmeisterschaft 1970 in Mexiko an. Im Turnier bestritt er die Spiele gegen Marokko (2:1), Bulgarien (5:2), Peru (3:1) und England (3:2 n. V.) sowie das legendäre Halbfinalspiel am 17. Juni gegen Italien (3:4 nach Verlängerung) und das Spiel um Platz 3 gegen Uruguay (1:0).

Nach dem Gewinn des 3. Platzes bei der Weltmeisterschaft 1970 erhielt er – wie alle Mitglieder des deutschen Kaders – das Silberne Lorbeerblatt. Mit seinem 20. Länderspieleinsatz am 9. September 1970 in Nürnberg beim 3:1-Erfolg gegen Ungarn endeten seine internationalen Berufungen in der Nationalmannschaft.[12] Er gehörte noch dem Aufgebot für die Fußball-Europameisterschaft 1972 in Belgien an, kam aber nicht mehr zum Einsatz. Löhr absolvierte mit dem 1. FC Köln zudem internationale Spiele im Europapokal der Landesmeister, Europapokal der Pokalsieger und UEFA-Pokal; in insgesamt 58 Spielen erzielte er 30 Tore.

Deutscher Meister: 1978

Deutscher Vize-Meister: 1965, 1973

DFB-Pokalsieger: 1968, 1977, 1978

DFB-Pokalfinalist: 1970, 1971, 1973

Bundesliga-Torschützenkönig: 1968

DFB-Pokal-Torschützenkönig: 1967/68, 1969/70, 1971/72, 1972/73

Als Trainer

Bronzemedaille bei den Olympischen Spielen 1988 in Seoul

Ehrungen

Aufnahme in die Hall of Fame des 1. FC Köln: 2018

WIKIMEDIA
FOUNDATION

Im deutschen Aufgebot stand Peter Dietrich, es wurde aber keine SHELL-Medaille geprägt.

Peter Dietrich (* 6. März 1944 in Neu-Isenburg) ist ein ehemaliger deutscher Fußballspieler.

Borussia Mönchengladbach und Nationalmannschaft, 1967 bis 1971

Trainer Hennes Weisweiler hatte im Sommer 1967 die Abgänge der zwei Stürmer Jupp Heynckes und Bernd Rupp zu verschmerzen. Er versuchte den sportlichen Verlust durch die Neuzugänge Peter Meyer, Klaus Ackermann und Peter Dietrich aufzufangen. Bereits am ersten Spieltag der Runde 1967/68, am 19. August 1967 beim 4:3-Erfolg auf Schalke, hatte er die Mittelfeldbesetzung mit Dietrich, Günter Netzer und Herbert Laumen auf das Feld geschickt. Es war die „klassische" Formation des 4:3:3-Systems mit einem defensiven, einem spielmachenden und einem offensiven Mittelfeldspieler. Dietrich vertraute Weisweiler die defensive Absicherung im Gladbacher Mittelfeld an. Er interpretierte diese Rolle mit großer Laufbereitschaft, taktischer Disziplin und feiner Kombinationsgabe. Dietrich kam auf Anhieb im „Fohlen"-Team auf 32 Einsätze und erreichte mit dem Verein den dritten Tabellenplatz. Durch eine Rückenoperation kam er in der Runde 1968/69 nur zu zehn

Spielen. Mit dem gesunden Peter Dietrich, er bestritt 33 Spiele mit fünf Toren, holte Mönchengladbach 1970 die erste deutsche Meisterschaft an den Bökelberg.

Durch seine konstant gute Leistung im Meisterteam berief ihn Bundestrainer Helmut Schön zum Abschlusslehrgang der Nationalmannschaft für die Fußball-Weltmeisterschaft 1970 in Mexiko vom 4. bis 14. Mai 1970 in die Sportschule Malente. Im Rahmen dieses Lehrganges wurden zwei letzte Vorbereitungsländerspiele ausgetragen: Am 9. Mai in Berlin gegen Irland und am 13. Mai in Hannover gegen Jugoslawien. In Berlin wurde Peter Dietrich in der 46. Spielminute für Jürgen Grabowski eingewechselt und feierte damit sein Länderspieldebüt. In Hannover kam er nicht zum Einsatz. Er gehörte dem 22er-Kader für die Weltmeisterschaft an, verletzte sich aber im Training (er knickte um) und konnte so seine Chance auf einen Einsatz nicht wahrnehmen. Nach der Weltmeisterschaft gehörte er nochmals dem Kader für das Länderspiel am 17. Oktober 1970 in Köln gegen die Türkei an.

Als Mitglied des Kaders für diese Weltmeisterschaft erhielt er – wie alle anderen für die Spiele aufgebotenen Kadermitglieder – das Silberne Lorbeerblatt. In der Saison 1970/71 gelang es Mönchengladbach als erste Mannschaft in der Bundesliga, die deutsche Meisterschaft zu verteidigen. Dietrich bestritt dabei 28 Spiele mit drei Toren. Sportlich herausragend waren in dieser Runde auch die Spiele im Europa-Cup der Meister gegen den FC Everton. In beiden Spielen gegen den englischen Meister aus Liverpool stand Dietrich im Mittelfeld der Gladbacher. Im Heimspiel trennte man sich ebenso wie auf der Insel mit 1:1 Toren. Da auch die Verlängerung keine Entscheidung im Goodison-Park am 4. November 1970 brachte, entschied das Elfmeterschießen mit 4:3 für die Engländer.

Nach vier Runden am Bökelberg nahm Dietrich 1971 gemeinsam mit seinem Mannschaftskollegen Herbert Laumen ein Angebot von Werder Bremen zu einem Wechsel an die Weser an. Bei Bremen kam Dietrich, dem die tragende Rolle im Mittelfeld zugedacht war, durch Krankheit und Verletzung nur zu acht Spielen in der Runde 1971/72. In fünf Runden bei Werder Bremen, 1971/72 bis 1975/76, reichte es nie zu einem Spitzenplatz. Sein letztes Bundesligaspiel bestritt Dietrich am 21. Februar 1976 bei der 0:1-Niederlage gegen Eintracht Braunschweig noch unter Trainer Herbert Burdenski. Gegen Braunschweig spielte Werder im Mittelfeld mit Röber, Hiller, Dietrich und Bracht. Als Otto Rehhagel ab dem 29. Februar das Traineramt an der Weser übernahm, kam Dietrich nicht mehr zum Einsatz und beendete im Sommer 1976 seine Karriere.

Auch Helmut Haller wurde von SHELL nicht mit einer Medaille berücksichtigt. Er war aber bei der TRAUM ELF 69 mit dabei.

Helmut Haller (* 21. Juli 1939 in Augsburg; † 11. Oktober 2012 ebenda) war ein deutscher Fußballspieler. Der Halbstürmer beziehungsweise Mittelfeldspieler kam in der deutschen Fußballnationalmannschaft von 1958 bis 1970 in 33 Länderspielen zum Einsatz und erzielte dabei 13 Tore. Der aus dem BC Augsburg hervorgegangene Edeltechniker spielte von 1957 bis 1962 mit dem BCA 85 Ligaspiele in der damals erstklassigen Fußball-Oberliga Süd (24 Tore), ehe er Profifußballer beim FC Bologna (1962–68) und Juventus Turin (1968–73) wurde und danach wieder nach Augsburg zurückkehrte. Er wurde dreimal in den Jahren 1964 (Bologna) sowie 1972 und 1973 (Turin) italienischer Meister. Mit der Nationalmannschaft nahm der international gefeierte Star an den drei Weltmeisterschaften 1962, 1966 und 1970 teil.

Helmut Haller spielte von 1958 bis 1970 in der deutschen Fußballnationalmannschaft und erzielte in 33 Länderspielen 13 Treffer.

Am 24. September 1958 debütierte Haller in der A-Nationalmannschaft, die in Kopenhagen ein 1:1-Unentschieden gegen die Auswahl Dänemarks erzielte. Sein erstes von 13 Länderspieltoren erzielte er am 23. März 1960 in Stuttgart beim 2:1-Sieg im

Test-Länderspiel gegen die Auswahl Chiles mit dem Treffer zum zwischenzeitlichen 1:1 in der 72. Minute.

Am 13. Mai 1961 spielte er in Waterschei das einzige Mal für die U-23-Nationalmannschaft, bei deren 3:1-Sieg über die Auswahl Belgiens er ein Tor erzielte.

Bei der Weltmeisterschaft 1962 in Chile schied die deutsche Mannschaft im Viertelfinale gegen die Auswahl Jugoslawiens mit 0:1 aus dem Turnier aus. Helmut Haller war der vorerst letzte Spieler des FC/BC Augsburg in der deutschen Nationalmannschaft und die WM 1962 war auch das letzte WM-Turnier mit einem Spieler des FC Augsburg. Erst 2014 spielte mit André Hahn ein Spieler der Fuggerstädter wieder in der A-Nationalmannschaft Deutschlands und erst bei der WM 2014 spielten mit dem Niederländer Paul Verhaegh und den Südkoreanern Hong Jeong-ho und Ji Dong-won Spieler des FCA bei einem WM-Turnier.

1966 in England erzielte Haller sechs WM-Tore und belegte hinter Eusébio (Portugal) den zweiten Platz der Torjägerliste. Am 3. Juni 1970 wurde er im ersten Gruppenspiel der Weltmeisterschaft in Mexiko, beim 2:1-Sieg über die Auswahl Marokkos letztmals als Nationalspieler eingesetzt.

Neben Einsätzen in der deutschen Nationalmannschaft spielte Haller im November 1962 auch für eine italienische Liga-Auswahl in einem Spiel gegen Schottland. Beim 4:3-Erfolg im Olympiastadion Rom glänzte er als Torschütze zum 2:0-Zwischenstand und war einer von fünf ausländischen Spielern neben dem Schweden Kurt Hamrin, der das Tor zum Endstand erzielte.

Erfolge

Zweiter der Weltmeisterschaft 1966

Dritter der Weltmeisterschaft 1970

Italienischer Meister 1963/64, 1971/72, 1972/73

Meister der Regionalliga Süd 1973/74

Finalist im Europapokal der Landesmeister 1972/73

Finalist im Messestädte-Pokal 1970/71

Finalist in der Coppa Italia 1972/73

Ebenso stand Max Lorenz im Aufgebot, aber wurde von SHELL nicht berücksichtigt.

Max Lorenz (* 19. August 1939 in Bremen-Hemelingen) ist ein ehemaliger deutscher Fußballspieler, der von 1965 bis 1970 in der deutschen Fußballnationalmannschaft 19 Spiele absolvierte und mit Werder Bremen im Jahr 1965 Deutscher Meister wurde.

Am 24. April 1965, beim WM-Qualifikationsspiel in Karlsruhe gegen Zypern, debütierte Lorenz beim 5:0-Erfolg in der deutschen Fußballnationalmannschaft. Bundestrainer Helmut Schön vertraute dabei in der Läuferreihe auf Willi Schulz, Klaus-Dieter Sieloff und den Mann von Werder Bremen. Er gehörte dem Spielerkader für die Fußball-Weltmeisterschaft 1966 in England an, kam aber im Turnier nicht zum Einsatz. Bei den zwei historischen „ersten" Siegen gegen England (1:0 in Hannover) und Brasilien (2:1 in Stuttgart) am 1. beziehungsweise 16. Juni 1968 gehörte er der Defensive der deutschen Mannschaft an. Als die DFB-Elf am 21. Mai 1969 in Essen mit 12:0 Toren im WM-Qualifikationsspiel Zypern deklassierte, erzielte Lorenz seinen einzigen Treffer im Nationaldress. Zum Abschluss seiner internationalen Laufbahn nahm er an seinem zweiten WM-Turnier teil. Er gehörte dem 22er-Kader des DFB für die Fußball-Weltmeisterschaft 1970 in Mexiko an. Am 20. Juni 1970 wurde er im Spiel um den dritten Platz gegen Uruguay (1:0) in der 46. Minute für Karl-Heinz Schnellinger eingewechselt und absolvierte damit sein 19.

Länderspiel. Für die Teilnahme an der Fußballweltmeisterschaft erhielt er – zusammen mit der Mannschaft – das Silberne Lorbeerblatt.

<u>Vereinserfolge</u>

1961, DFB-Pokalsieger mit Werder Bremen

1965, Deutscher Meister mit Werder Bremen

1968, Vizemeister mit Werder Bremen

<u>Nationalmannschaft, 1965 bis 1970</u>

1966, Vizeweltmeister (ohne Einsatz)

1970, WM-Dritter, 1 Spiel

Das war das deutsche Aufgebot

* Franz Beckenbauer
  Peter Dietrich
* Klaus Fichtel
* Jürgen Grabowski
  Helmut Haller
* Siegfried Held
* Horst Höttges
* Reinhard Libuda
  Max Lorenz
* Johannes Löhr
* Sepp Maier
  Manfred Manglitz
* Gerhard Müller

* Wolfgang Overath
* Bernd Patzke
* Uwe Seeler
* Karl-Heinz Schnellinger
* Willi Schulz
  Klaus-Dieter Sieloff
* Berti Vogts
* Wolfgang Weber
* Horst Wolter
* Helmut Schön
  Jupp Derwall
  Prof. Hanns Schoberth
  Erich Deuser

* Helmut Schön und diese 17 Spieler gibt es auf Medaillen bei Shell.

Manfred Manglitz stand im deutschen Aufgebot... keine Berücksichtigung für eine Medaille.

Manfred Manglitz (* 8. März 1940 in Köln) ist ein ehemaliger deutscher Fußballtorhüter.

In der Nationalmannschaft fand er von 1965 bis 1970 Berücksichtigung. Er nahm an der Fußball-Weltmeisterschaft 1970 in Mexiko teil und belegte mit der Mannschaft den dritten Platz.

Mit der Mannschaft wurde er 1970 mit dem Silbernen Lorbeerblatt ausgezeichnet.

1964 Deutscher Vize-Meister

1966 DFB-Pokal-Finale

1970 DFB-Pokal-Finale

1971 DFB-Pokal-Finale

Ebenfalls wurde Klaus-Dieter Sielhoff für die Vergabe einer Medaille nicht berücksichtigt.

Klaus-Dieter Sieloff (* 27. Februar 1942 in Tilsit; † 13. Dezember 2011 in Stuttgart war ein deutscher Fußballspieler, der von 1964 bis 1971 für die deutsche Fußballnationalmannschaft vierzehn Länderspiele absolvierte und dabei fünf Tore erzielte. Mit dem Bundesligisten Borussia Mönchengladbach gewann er in den Jahren 1970 und 1971 zwei Mal die deutsche Fußballmeisterschaft und 1973 den DFB-Pokal.

Im Länderspiel am 13. Mai 1964 in Hannover gegen Schottland gehörte der Stuttgarter Stopper erstmals dem Nationalmannschaftskader des Bundestrainers Sepp Herberger an. Er debütierte beim letzten Auftreten des „Bundes-Sepp" am 7. Juni 1964 in Helsinki gegen Finnland in der DFB-Elf auf der Stopper-Position. Willi Schulz und Wolfgang Weber besetzten beim 4:1-Erfolg die Außenläuferstellen. Im September und Oktober 1964 sowie am 17. Februar 1965 in Duisburg war er in Testspielen des Herberger-Nachfolgers Helmut Schön auf dem Prüfstand, bevor er am 13. März 1965 in Hamburg beim Länderspiel gegen Italien zum zweiten Mal die Abwehr der Nationalmannschaft dirigierte. Mit einer „Mannschaft der Neulinge" – Manglitz (er wurde in der 57. Minute für Tilkowski eingewechselt), Piontek, Patzke, Höttges und Hornig debütierten – und Sieloff, Steinmann, Küppers und Brunnenmeier bestritten das zweite Länderspiel, hielt die DFB-Elf die italienische Auswahl überwiegend in Schach und Sieloff verwandelte in der 39. Minute einen Handelfmeter zur 1:0-Führung. Die Abwehr ließ den Innensturm der Italiener mit Bulgarelli, Mazzola und Rivera nicht zur Entfaltung kommen und der Ausgleich in der 76. Minute nach einem Konterangriff über Corso und Mazzola stellte den Spielverlauf auf den Kopf. Der Stuttgarter war auch in den folgenden vier Länderspielen gegen Zypern (WM-Qualifikation; zum 5:0 steuerte er zwei Treffer bei), England, Schweiz und zum Abschluss des Spieljahres am 6. Juni 1965 in Rio de Janeiro gegen den zweifachen Weltmeister Brasilien mit deren Offensivstars Garrincha und Pele im Einsatz.

Vor dem entscheidenden WM-Qualifikationsrückspiel am 26. September 1965 in Stockholm gegen Schweden gehörte er auch beim Testspiel am 17. August in Essen gegen das englische Profiteam von Chelsea London dem Team von Bundestrainer Schön an. Das junge FC Bayern-Talent Franz Beckenbauer zeichnete sich bei diesem Test besonders eindrucksvoll im Mittelfeld aus. Am 26. September 1965 bestritt die deutsche Mannschaft mit der Abwehrformation Tilkowski (Tor), Sieloff als Libero und den Verteidigern Höttges, Willi Schulz und Schnellinger das Spiel in Stockholm gegen Schweden. Durch Treffer von Krämer und Seeler entschied die Schön-Elf die Begegnung und hatte damit die Fahrkarte zur Weltmeisterschaft 1966 in England gelöst. Im folgenden Freundschaftsspiel am 9. Oktober 1965 in Stuttgart absolvierte der VfB-Stopper sein achtes Länderspiel. Der Braunschweiger Lothar Ulsaß (3) und Sieloff erzielten die Tore zum 4:1-Erfolg der deutschen Mannschaft gegen Österreich. In den Frühjahrsspielen 1966 gegen England und die Niederlande probierte es der Bundestrainer mit Willi Schulz als Ausputzer hinter der Abwehr aus und Held und Emmerich debütierten im Angriff in der Mannschaft. Sieloff nahm an der Fußball-Weltmeisterschaft 1966 in England teil, kam aber während des Turniers, das in der Endspielteilnahme gipfelte, nicht zum Einsatz. Schulz als Ausputzer und die drei Verteidiger Höttges, Weber und Schnellinger waren die Stammformation in den erfolgreichen Tagen der WM in England in der Defensive. Da sich „Worldcup-Willi" in diesem Turnier zu einem Leistungsgaranten innerhalb und außerhalb des Feldes in der Mannschaft entwickelt hatte und auch bei den Fans an Popularität gewonnen hatte, war der Platz des Liberos oder des Ausputzers in den nächsten Jahren vergeben. Sieloff wurde in seiner Zeit beim VfB Stuttgart nach dem 9. Oktober 1965 nicht mehr in der Nationalmannschaft berücksichtigt.

Durch seine überzeugenden Leistungen als Abwehrdirigent beim neuen Bundesligameister Borussia Mönchengladbach in der Saison 1969/70, kam er kurz vor dem WM-Turnier 1970 in Mexiko wieder in den Kreis der Nationalmannschaft zurück. Am 8. April 1970 fand ein Länderspiel in Stuttgart gegen Rumänien statt. In der 84. Minute wurde Sieloff für Wolfgang Weber eingewechselt. Er nahm am Abschlusslehrgang vom 4. bis 14. Mai 1970 in Malente teil, kam aber in den zwei abschließenden Testländerspielen gegen Irland und Jugoslawien nicht zum Zuge und gehörte dennoch dem 22er-DFB-Aufgebot an, das am 18. Mai nach Mexiko flog. Aber auch bei seiner zweiten WM-Teilnahme kam er zu keinem Spieleinsatz. Zwar war die Zeit der „Ausputzer" vorbei, aber Bundestrainer Schön setzte weiterhin auf seinen Abwehrorganisator Willi Schulz. Als dieser sich verletzte übernahm der Italienlegionär Karl-Heinz Schnellinger die Rolle des letzten Mannes. Franz Beckenbauer, sicherlich auch schon zu diesem Zeitpunkt unbestritten der beste Libero in Deutschland, musste in der Nationalmannschaft noch weite Wege im Mittelfeld zurücklegen und dem spielerischen Moment auf der Liberoposition stand man noch reserviert gegenüber.

Im ersten Spiel nach der Weltmeisterschaft 1970, am 9. September 1970 in Nürnberg gegen Ungarn, erhielt der Gladbacher Libero aber dann doch Gelegenheit, seine Klasse unter Beweis zu stellen. Mit Vogts, Weber und Höttges an seiner Seite und davor im Mittelfeld mit Beckenbauer und Fichtel, erspielte sich die deutsche Mannschaft einen überzeugenden 3:1-Sieg. Sieloff brachte die deutsche Mannschaft in der elften Minute nach einer gelungenen Kombination mit Beckenbauer und Gerd Müller mit einem satten Schuss mit 1:0 in Führung. Uwe Seeler beendete nach seinem 72. Länderspieleinsatz seine Karriere in der Nationalmannschaft. Für Sieloff folgten zwei weitere Länderspiele im Oktober und November 1970 gegen die Türkei und Griechenland. Am 12. Juni 1971 debütierte beim EM-Qualifikationsspiel in Karlsruhe gegen Albanien Georg Schwarzenbeck in der Nationalmannschaft, Sieloff absolvierte beim 2:0-Erfolg sein dreizehntes Länderspiel. Mit seiner Einwechslung am 22. Juni 1971 in Oslo gegen Norwegen endete nach seinem 14. Länderspiel seine Laufbahn in der DFB-Auswahl.[2] Jetzt hatte sich neben Libero Beckenbauer auch sein „Helfer" Schwarzenbeck als Vorstopper einen Stammplatz erkämpft und an dem „Kaiser" kam Sieloff, wie auch Klaus Fichtel von Schalke 04, nicht vorbei.

Für seine sportlichen Leistungen erhielt er am 30. Juli 1966 – zusammen mit der deutschen Nationalmannschaft (Vizeweltmeister 1966) – das Silberne Lorbeerblatt.

Trainerassistent war in Mexico Jupp Derwall. Eine SHELL-Medaille gab es leider nicht.

Josef „Jupp" Derwall (* 10. März 1927 in Würselen; † 26. Juni 2007 in St. Ingbert) war ein deutscher Fußballspieler und -trainer. Vom 11. Oktober 1978 bis zum 20. Juni 1984 war Derwall Bundestrainer der deutschen Nationalmannschaft, mit der er 1980 Europameister und 1982 Vizeweltmeister wurde.

Nach der Weltmeisterschaft 1978 wurde er Nachfolger von Helmut Schön als Bundestrainer, unter dem er bereits von 1970 bis 1978 als Assistenztrainer der A-Nationalmannschaft gewirkt hatte; Schön hatte bereits vor der WM seinen Rücktritt angekündigt. Derwalls Amtszeit begann mit der längsten Serie ohne eine Niederlage (23 Spiele), innerhalb dieser Serie lag – mit 12 gewonnenen Spielen – auch die längste Siegesserie.

Derwalls größte Erfolge als Bundestrainer waren der Gewinn der Fußball-Europameisterschaft 1980 in Italien und der 2. Platz bei der WM 1982 in Spanien. In seiner Zeit als Nationaltrainer erhielt er von Max Merkel den Spitznamen „Häuptling ondulierte Silberlocke".

Nach dem frühen Ausscheiden durch ein 0:1 gegen Spanien in der Vorrunde der EM 1984 trat der dadurch – in einem bis zu jenem Zeitpunkt für einen Bundestrainer nicht gekanntem Ausmaß – unter Druck geratene Derwall zurück. Er selbst hatte offenbar zunächst seine Tätigkeit fortführen wollen und schon von der Vorbereitung auf die anstehende Qualifikation für die WM 1986 gesprochen. Er war jedoch längst zur Zielscheibe der Boulevardpresse geworden und obendrein heftigen Verbalattacken in der Öffentlichkeit ausgesetzt, die in persönlichen Beleidigungen und Beschimpfungen gipfelten. In dieser Situation wurde ein Amtsverbleib Derwalls praktisch unmöglich und als erster Bundestrainer überhaupt gab er seinen Posten vorzeitig auf. Sein Nachfolger wurde Franz Beckenbauer.

Zwei Mitglieder der MEXICO 70-Mannschaft sollen noch erwähnt werden:

Johannes (auch Hanns, Hannes und Hans) Schoberth
(* 1922; † 31. Juli 1996) war ein deutscher Sportmediziner.

Zwölf Jahre lang betreute er die Fußballmannschaft des 1. FC Nürnberg als Arzt, zwischen 1966 und 1974 war Schoberth Mannschaftsarzt der bundesdeutschen Fußballnationalmannschaft.

Erich Deuser
(* 2. Juli 1910 in Düsseldorf; † 29. Juni 1993 ebenda) war ein deutscher Physiotherapeut.

Deuser erwarb 1931 sein Staatsdiplom als Masseur. In dieser Funktion arbeitete er zunächst bei Fortuna Düsseldorf. 1951 holte ihn Sepp Herberger zur deutschen Fußballnationalmannschaft[1], für die er bis 1982 tätig war. Daneben betreute er bei den Olympischen Spielen von 1952 bis 1976 Sportler verschiedener Verbände. Bei der Weltmeisterschaftsendrunde 1970 ging Deuser in die WM-Geschichte ein, als er als erster (und einziger bei der WM 1970) die zu diesem Turnier neu eingeführte Rote Karte für einen Feldverweis sah, da er im Spiel der deutschen Nationalelf gegen Peru ohne Erlaubnis des Schiedsrichters zu einer Verletzungsbehandlung auf das Spielfeld gelaufen war.

Pelé ist am 29.12.2022 verstorben. Medaillen gibt es von ihm. Hier nun eine kleine Erinnerung:

Pelé (* 23. Oktober 1940[1] in Três Corações; † 29. Dezember 2022 in São Paulo; bürgerlich Edson Arantes do Nascimento, in seiner Geburtsurkunde als Edison Arantes do Nascimento vermerkt war ein brasilianischer Fußballspieler, der auch als Sportminister tätig war. Pelé gilt als einer der besten Fußballspieler der Geschichte.

Pelé gewann mit dem FC Santos in 17 Jahren insgesamt 26 nationale und internationale Titel, darunter zehnmal die Staatsmeisterschaft Campeonato Paulista (1958, 1960, 1961, 1962, 1964, 1965, 1967, 1968, 1969, 1973), viermal den Torneio Rio-São Paulo (1959, 1963, 1964, 1966), fünfmal die Taça Brasil (1961, 1962, 1963, 1964, 1965), jeweils zweimal die Copa Libertadores (1962, 1963) und den Weltpokal (1962, 1963) sowie jeweils einmal den Torneio Roberto Gomes Pedrosa (1968), die Supercopa de Campeones Intercontinentales (1968)[3] und die Recopa Intercontinental (1968). Dabei wurde er in den verschiedenen Turnieren mehrfach Torschützenkönig. Nach seinem Wechsel 1975 zu New York Cosmos konnte er mit seinem neuen Verein einmal die US-Fußballmeisterschaft (1977) gewinnen.

Mit der brasilianischen Nationalmannschaft, für die er im Alter von 16 Jahren debütierte, gewann er dreimal die Fußball-Weltmeisterschaft (1958, 1962, 1970), so viele Male wie kein anderer Spieler. Mit 77 Treffern in 92 Länderspielen ist der ehemalige Stürmer gemeinsam mit Neymar Rekordtorschütze der brasilianischen Nationalmannschaft und auch Torschützenkönig der Copa América (1959).

Neben dem dreifachen Gewinn der Weltmeisterschaft werden oftmals seine insgesamt 1301 Tore in 1390 Spielen (775 Tore in 841 Pflichtspielen[6] mit weiteren Toren in Freundschaftsspielen mit FC Santos, New York Cosmos und Brasilien; Quote: 0,94) als Argumente angegeben, Pelé zum besten Fußballspieler oder zumindest zu den besten Fußballspielern der Geschichte zu zählen. Pelé gewann die Wahl zu Südamerikas Fußballer des Jahres (1973) und Südamerikas Fußballer des 20. Jahrhunderts (1998). Am 4. Januar 2000 wurde er von der International Federation of Football History & Statistics (IFFHS) zum World Player of the Century (Bester Fußballspieler des Jahrhunderts) gewählt. Er erhielt zudem 1999 von der FIFA zur Anerkennung seiner Sonderstellung (geteilt mit Diego Armando Maradona[8]) die Auszeichnung Weltfußballer des 20. Jahrhunderts. Im gleichen Jahr wurde Pelé auch durch das Internationale Olympische Komitee (ohne Teilnahme an Olympischen Spielen)[10] zum Sportler des Jahrhunderts (Fußball) ernannt. Er erhielt nach seiner Karriere den Ehrenpreis des FIFA Ballon d'Or (2013) für sein Lebenswerk.

Pelé galt als ein kompletter Stürmer und Alleskönner. Er verfügte über eine hervorragende Technik, Schnelligkeit und Athletik, nutzte beide Füße gleichermaßen ohne Qualitätseinbußen und war sprung- und kopfballstark. Neben seiner Intuition, zu erkennen, wie und in welche Richtung sich Gegenspieler bewegen würden, um sich so von ihnen freilaufen und Torchancen kreieren zu können, wird Pelés Ausnahmestellung unter anderem damit begründet, dass er neben vielen und wichtigen

Toren, die er schoss, auch variabel auf verschiedenen Positionen einsetzbar war. Er erkannte, wenn Lücken in der eigenen Defensive entstanden waren, und stopfte diese, hielt, wenn nötig, den Ballbesitz und das Spiel der eigenen Mannschaft aufrecht, konnte als Ballverteiler Angriffe aus dem Mittelfeld einleiten und behauptete Bälle auch unter Druck im gegnerischen Strafraum.

Erfolge

Vereine

Staatsmeisterschaft Campeonato Paulista: 1958, 1960, 1961, 1962, 1964, 1965, 1967, 1968, 1969, 1973

Torneio Rio-São Paulo (4): 1959, 1963, 1964, 1966

Taça Brasil: 1961, 1962, 1963, 1964, 1965

Torneio Roberto Gomes Pedrosa: 1968

Copa Libertadores: 1962, 1963

Weltpokal: 1962, 1963

Supercopa de Campeones Intercontinentales: 1968[3]

Recopa Intercontinental: 1968[4]

Meister der North American Soccer League: 1977

Nationalmannschaft

Weltmeister: 1958, 1962, 1970

Auszeichnungen

Sportliche Ehrungen

Südamerikas Fußballer des Jahres: 1973

Südamerikas Fußballer des 20. Jahrhunderts: 1998

Spieler des 20. Jahrhunderts (FIFA): 1999

Spieler des 20. Jahrhunderts (Magazin World Soccer): 1999

Sportler des 20. Jahrhunderts (IOC): 1999 (ohne Teilnahme an Olympischen Spielen)

Ehrenpreis des FIFA Ballon d'Or: 2013 (für sein Lebenswerk)

Wahl ins Ballon d'Or Dream Team (2020)

Außersportliche Ehrungen

1965: Ehrenbürger von Santos, Brasilien

Botschafter der UNESCO

1997: ehrenhalbe Aufnahme als Knight Commander in den Order of the British Empire

2005: Ehrenmitglied des deutschen Fußballvereins Rot-Weiss Essen

2006: Goldener Rathausmann der Stadt Wien

2007: Ehrenmitglied des deutschen Fußballvereins 1. FC Köln

Torschützenkönig

Verein (FC Santos)

Torschützenkönig der Staatsmeisterschaft Campeonato Paulista: 1957 (20 Tore), 1958 (58 / Rekord), 1959 (45), 1960 (34), 1961 (47), 1962 (37), 1963 (22), 1964 (34), 1965 (49), 1968 (26), 1973 (11)

Torschützenkönig des Torneio Rio-São Paulo (4): 1961 (7 Tore), 1963 (15), 1964 (3), 1965 (8)

Torschützenkönig der Taça Brasil (2): 1961 (9 Tore), 1963 (12)

Torschützenkönig der Copa Libertadores: 1963 (11 Tore)

Nationalmannschaft

Torschützenkönig der Copa América: 1959 (8 Tore)

Rekorde

Rekordtorschütze der brasilianischen Nationalmannschaft (77 Tore in 92 Länderspielen)

DIE EROBERUNG DES HIMMELS ist im Buchhandel erhältlich. Die Serie wird erweitert mit Sammelmünzen von SHELL, ESSO, BP ...